本の主旨に共感し、
「HAPPY ENDING」を作曲してくれた
小室哲哉氏の深い友情に感謝いたします。

若尾裕之

ミュージック葬でハッピーにいこう!

はじめに

2007年6月に、「ハッピーなお葬式がしたい!」(マガジンハウス)を出版しました。

この本では、社会背景の劇的な変化・日本人の価値観の多様化の中で新しい葬儀や埋葬の選択肢が広がったこと、生前準備の必要性などを中心に自分らしい幸せなフィナーレの迎え方を提案しました。

想像以上に大きな反響をいただき、マスコミ各社からの取材、講演会の依頼もたくさんありました。

そして、年代を超えて多くの読者の方から、「単身の為、自分の先々のことが心配でしたが、元気付けられました」「この本にもっと前に出会っていたら、自分の身内のお葬式で後悔しなかったのに」「最期を楽しく考えられれば、将来が不安じゃなくなって、なにか幸せな気持ちになりました」「自分の幸せな最期の迎え方を真剣に考えたい」「今まで持っていた価値観が大きく変わりました」などの声をいただきました。

あるラジオ番組の「葬儀特集」にスペシャルゲストで出演させてもらったところ、リスナーの意見・質問の件数が番組史上最高だったそうで、ラジオ局の方も驚いていました。

「お葬式」は、潜在的な興味はあっても、誰に訊けばよいかわからないという人や、自分の将来に漠然とした不安を持っている人もいるのでしょう。

また、ハッピーなお葬式をするために、具体的にどうすればよいか知りたいという声も多く耳にしました。

そこで「ミュージック葬でハッピーにいこう!」では、ハッピーなお葬式の具体的な方法の一つとして「音楽」を使ったお葬式を提案したいと考えたわけです。

音楽を嫌いだという人はいないでしょう。誰しも、ジャンルはさまざまでも、好きな曲や思い出の曲があるものです。他の趣味に比べ、自分の個性やメッセージも表現しやすく手軽に活用できます。

また、音楽は、大切な人を失い強いストレスを受けた家族を癒す効果があります。なぜなら、人体のリズムとあった「ここちよい音」は、脳を活性化し皮膚体温を上昇させるからです。音楽は、古代エジプトではうつの治療薬として用いられていました。

今回は音楽プロデューサーとして小室哲哉さんに協力いただきました。本の主旨に共感された小室さんにも初のレクイエムとも言える「HAPPY ENDING(ハッピーエンディング)」を制作してもらいました。小室さんの弾くピアノの音色が心に響きます。何度も聴いてほしいと思います。

音楽を使って、みなさんそれぞれのハッピーエンディングを演出してください。

目次

第五章　有名人の葬儀と、音楽葬の実例

第六章　小室哲哉さんにとっての〝音楽〟と〝癒し〟

第七章　音楽葬に使いたい、こんな曲、あんな曲

第八章　世界に一つだけの音楽葬を

第一章

お葬式は人生の〝卒業式〟

「自分のお葬式を準備しておきたい」と
考える人が増えています。
人生最後のイベントこそ、
自分自身で準備し、演出したいものです。

01

お葬式は人生最後で最大のイベントです

●人生を全うしたという「喜びの場」

お葬式と聞いて、どんなイメージを持ちますか？「永遠のお別れ」「悲しみ」…。いろいろあるでしょうが、それはあくまでも、送り出す側の視点ではないでしょうか。

自分を主体として考えた時、私は、お葬式こそ「人生の最大のイベント」であり、「人生の〝卒業式〟」だと思います。寿命を全うしてのお葬式なら、それは〝悲しみ〟よりも〝お祝い〟の場となってもいいはずです。言い換えれば、お葬式とは「新たなステージへの旅立ちの場」であり、残された家族にとっても「新しい生活の〝始業式〟」と考えることができます。参列者の立場からみれば、「悲しみにくれる遺族をなぐさめ、勇気付ける場」と言えるでしょう。

人生の節目となり、大勢の人が参加するセレモニーといえば、すぐ思い浮かぶものとして結婚式があります。しかし、全ての人が結婚をするわけではありません。では、人間が死亡する確率は何%でしょう？　これは100%。誰でも必ず、死を迎えるのです。ですから、お葬式こそ、人生に不可欠のセレモニーだといえます。

●お葬式を準備する必然性

私は2007年2月から1ヶ月半の間、急性肝炎で入院しました。大学病院の救命救急センターに収容されたのですが、劇症化しかかり、死の淵にいました。その時は自分の死を覚悟し、劇症化すると意識がなくなるため、家族には感謝の気持ちなど遺言らしき言葉を伝えました。その後、幸運にも回復しましたが、「人間の死亡率は100%。いつ死ぬかわからない」という意識が、より強くなりました。

結婚式の場合は、大抵は半年や一年も前から、あれこれ準備しますよね。新郎新婦の好みに合わせて、式のスタイルもさまざまです。では、なぜ、お葬式は自ら準備しないのでしょう? 人生の最後を飾るイベントが人任せでいいのでしょうか? 残された方たちにとって、あなたの最後の思い出となる大事な儀式をどんなものにするか、自分で考えたいと思いませんか?

その点に疑問を感じた私は、新しいお葬式のあり方を提案したいと考えました。「人生最後の、そして最大のイベントに自分らしさを演出して、ハッピーなお葬式をしよう」というのが、私の提案です。

結婚式にウェディングプランナーがいるように、お葬式にもプロデューサーがいていいはずです。「お葬式を、人生の幸せな締めくくりとして、より良いものにするお手伝いをしたい!」。そんな思いから、私はハッピーエンディングプロデューサーとして、楽しい老後、幸せな最期の迎え方に関するさまざまな提案を行っています。

02

ハッピーエンディングの準備をすれば、人生もハッピー

●「少子・高齢化」という社会情勢の変化

先のことに心配がなければ、人生は安泰です。逆に未来に不安があると、幸せな人生は送れません。できることなら将来の不安をなくしたいと思うのが、人情というものです。準備しておけば不安をなくすことができるものは、たくさんあります。その一つが「お葬式」なのです。かつては「早くから葬儀のことを考えるのは縁起が悪い」という考えもありました。しかし今は、自分で準備せざるを得ない状況が増えているのです。

2007年に、日本の単独世帯数は全世帯の中で一番多くなり、2008年には1523万軒になると推計されています（国立社会保障・人口問題研究所2008年3月推計）。これは晩婚化、少子化、離婚増等の影響ですが、その内訳を見ると、結婚前の単身者ばかりでなく、高齢者の一人暮らしも増えています。配偶者に先立たれ、子供もなくて一人暮らしという方たちは、ご自身の死後、特にお葬式について不安を抱えていることが少なくありません。

その一方で、晩婚化、少子化、高齢化の結果として、「結婚しないうちに、子供が一人で親の死を看取る」というケースも出てきています。つまり「自分はまだ若いから、お葬式なんて関係ない」とは言っていられない時代になっているのです。「人生で初めて経験するお葬式が、自分が喪主となる親の葬式」ということになれば、子供の不安も大きくなります。

●備えあれば憂いなし

「一人ぼっちの自分が死んだら、誰がお葬式の面倒をみてくれるのか…」

「一人で親のお葬式を執り行うことになったら…」。

私はお葬式に関する書籍を出版し、講演なども行っていますが、必ずといっていいほど、前記のような質問があります。亡くなる前に自ら準備しておけば、こんな不安はなくなります。死後の心配がなくなれば、残された人生を、安心して、より幸せに送ることができます。ですから、あらかじめお葬式の準備をしておいて、「ハッピーな人生を送ろう」というのが、私の提案なのです。ご自身のお葬式に対する準備の仕方をお伝えすると、大勢の方から「安心した」「気が楽になった」と言っていただきます。

例えば、10年ほど前にご主人に先立たれ、子供もいないという80代の女性からは、こんなお手紙をいただきました。

「『ハッピーなお葬式がしたい！』（注：2007年6月マガジンハウス発行の拙著のことです）には、自分にあてはまることがいくつも書かれていました。私はときどき人生の最期のことを思うことがあります。身寄りのない自分が死んだら、どうなるのかと心配でした。しかし、この本を読んで、お助け手帳（注：エンディングノートのことを、この方はこう呼んでいます）に自分の希望を書いておけばいいのだとわかると、気持ちも楽になり、日々の生活も楽しくなりました」と書かれていました。

死を考えることは、生を考えることでもあります。自分の人生のフィナーレを最高に幸せな時間にすることによって、残りの人生を丁寧に、そして楽しく生きることが出来るようになります。ハッピーにいきましょう！

03

安らかに死を迎える準備をしましょう

●お葬式やお墓に対する考え方

人生の最期をどうやって迎えるか。考え方は人それぞれです。宗教に癒しや救いを求める人もいれば、宗教にはこだわらないという人もいるでしょう。お葬式やお墓についての考え方も、それによって違ってきます。宗教をよりどころとするなら、立派なお葬式をして、戒名にも高いお金を払うことに満足するでしょう。それに対して、無宗教の場合、極論すれば戒名は必要ないのです。

お葬式が始まったのは鎌倉時代で、それまでは、親が亡くなっても、道端に捨てていました。草の上に遺体を寝かせ、花で飾る「野辺の送り」が、親孝行として勧められるようになったのが、お葬式の始まりです。さらにお葬式の方法や戒名などが今のような形になったのは戦後のことですから、それほど長い歴史があるわけでもありません。

仏教、神道、キリスト教と、宗教によっても、死やお葬式に対する考え方は異なります。キリスト教では「現世の肉体は借り物」と考えるので、肉体が死んでも魂は生きているということで、お葬式もそんなに暗くはなりません。

例えば、フランスのお葬式では、参列者は黒い洋服を着るわけでもなく、お葬式後の食事会も普通のレストランでおこなわれ、食事代も割り勘であったりします。

●自分が満足できるお葬式の準備を

埋葬方法についても、最近は、散骨や樹木葬といった新しい形を選ぶ人が増える一方で、「お墓は亡くなった人の魂のよりどころであり、お墓がないと先祖を敬わなくなる」と心配する人もいます。実家の菩提寺は遠いから、残された家族が訪れやすいようにと、都心の納骨堂を選ぶ人も増えています。

一番大切なことは、本人が満足し、安心して死を迎えられる環境を整えることです。その中でも、重要な要素となるのが、お葬式なのです。

例えば結婚式で、仲人を立てない方法が一般化しているように、お葬式に関する常識も変わりつつあります。古い常識や世間体にとらわれず、多くの選択肢から選べる時代が来ているのです。だからこそ、「自らお葬式を演出すること」が大切ですし、必要でもあるといえるでしょう。多くの人が結婚式の準備にじっくり時間をかけるように、満足のいくお葬式の準備には時間がかかります。だからこそ、ご本人が元気なうちに、準備を進めておくほうがいいのです。

●エンディングノートの勧め

「人生の最後を、自分らしく飾る」ための最初の段階は「エンディングノート」を作ることです。エンディングノートとは、お葬式のやり方などを含めた、死後への希望を書き残しておくものです。今は市販のものもいくつもあって、自分史なども記録できます。エンディングノートを準備していることは、家族や周りの人に伝えておきましょう。次のステップとしては、実際に葬儀会社に見積もりを取ったり、生前予約・生前契約を行うことになります。

こうしておけば、「遠い親戚などの横やりが入って、意にそわないお葬式を行う」といったことにはなりません。それにより本人が安心できるばかりでなく、いざというときに、遺族もあわてずにすむのです。家族がいない場合、思い通りのお葬式を行うには、これらの準備は必要不可欠ともいえます。

●私がいただいたメール

私は2008年3月に、28歳で3児のお母さんでもあるKさんから、次頁のメールをいただき、驚きました。

Kさんはとても明るい素敵な女性です。その3ヶ月前に、Kさんにお会いした際には、同級生のご主人とは仲が良くてけんかもしたことがないとお話しされていたのですが…。

みなさん、人間の死亡率は、100%です。どんなに科学が進歩しようと、これだけは変えようがありません。Kさんのご主人のように、事故や急病で20~30代の若さで突然亡くなることもあります。

大切なご家族に後悔させないためにも、「自分自身は、どんなお葬式にしたいのか」エンディングノートに書いておくことは、とても大事なことです。

「３週間ほど前に、主人が事故で他界しました。

主人が亡くなって何がなんだか分からず、葬式の知識も何もない為、まわりの大人に流される形で、気がつけば全て終わっていました。

私と主人のお姉さん達は無宗教派で、主人の大好きだった音楽を流す『音楽葬』にしたかったんですが、常識やいろいろな声にかきけされてしまいました。

主人が亡くなってしまっていて、本人もどうしたかったかわからないし。

最近は気持ちもだんだん落ち着いてきて、「あの時もっとしっかりしていれば」と考えてしまいます。

急に若尾さんのことを思い出して、何が言いたいか分からないのですが、

『全ての事に意味がある』主人が亡くなった事に意味があるなら何かしなくちゃ…

生前に自分のお葬式を考える。心から賛成です。

若い人ほど、「こうしたい！」というこだわりが強いわけだし、是非若いうちから自分のお葬式をまじめに考えてほしいですね
私のお葬式は主人や子供と撮ったラブラブな写真を沢山かざった『写真葬』にしたいです。私はこんなに幸せだったってみんなに見せつけたいです。

これからの若尾さんのご活躍を心から応援しています。

（参考資料１）自分の葬儀についての準備の有無

ご自分の葬儀のために何か準備をしていますか。

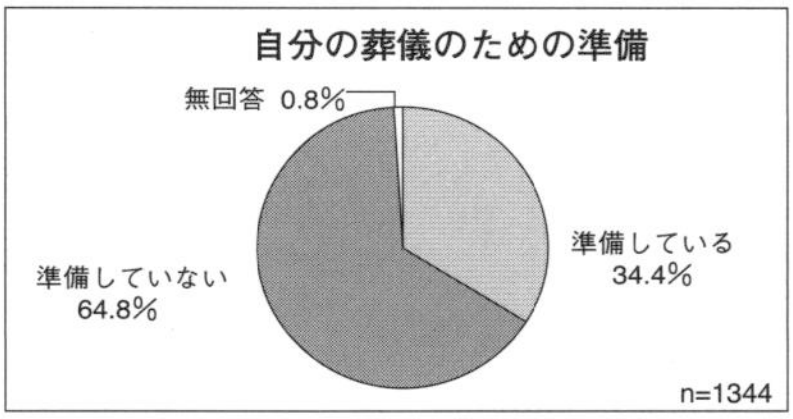

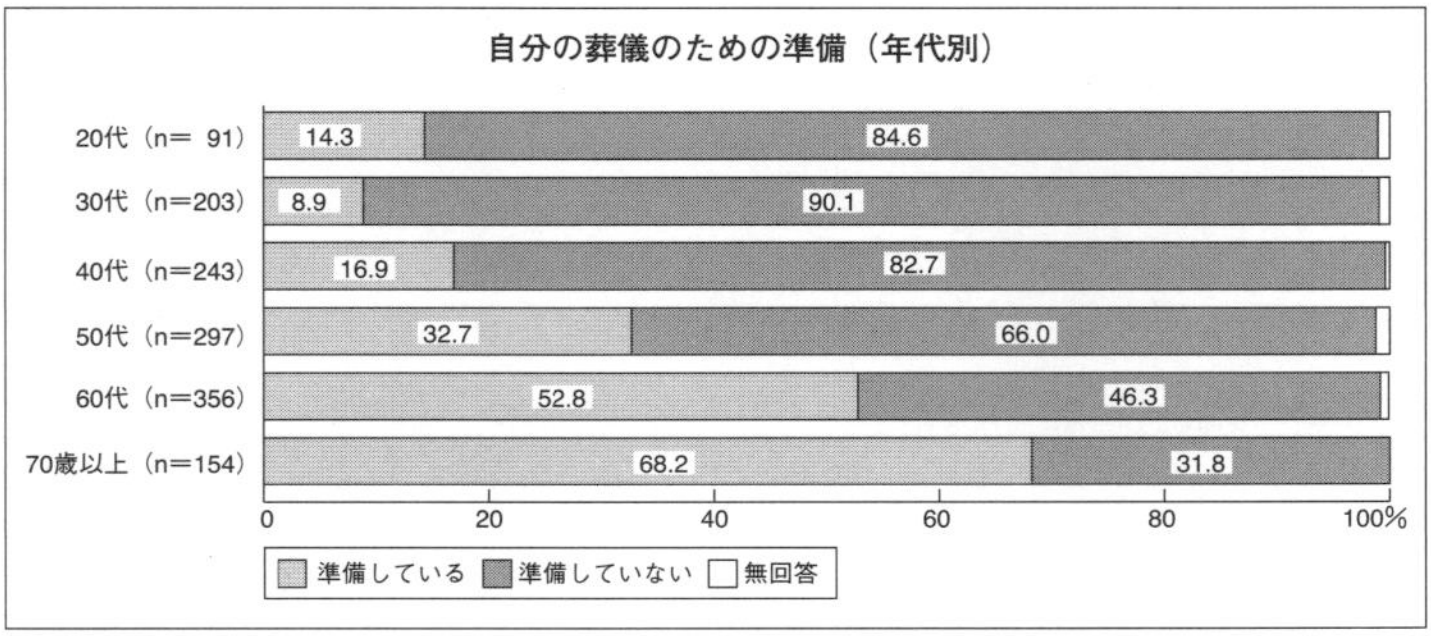

自分の葬儀について「準備をしている」という人は 34.4% である。年代別に見ると、家族の葬儀と同じく、年代が高くなるにつれ準備をしている人の割合が増え、60 代では 52.8%、70 代以上では 68.2% が準備をしているが、20 代では 14.3%、30 代では 8.9%にすぎない。

出典：「葬儀にかかわる費用等調査報告書」（2002年３月東京都生活文化局）

（参考資料２）準備の内容

どのような準備をしていますか。

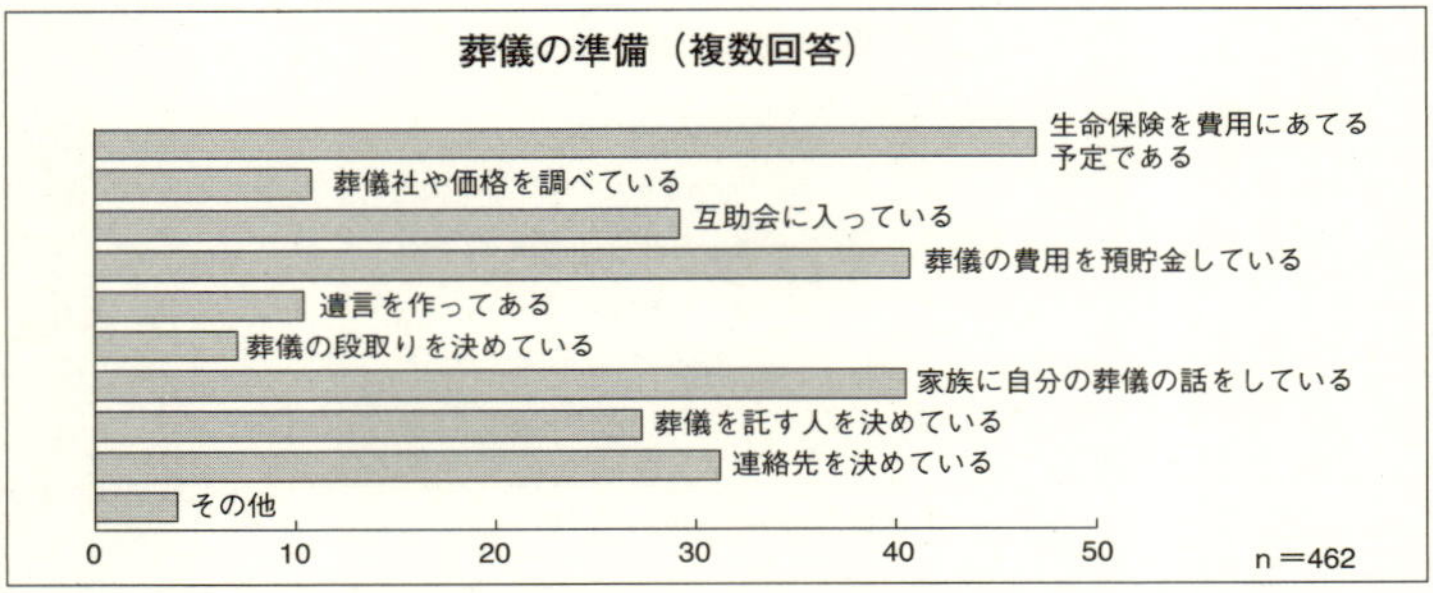

準備の内容は、「生命保険を費用に充てる予定である」とした人が約半数、次いで「葬儀の費用を預貯金している」が約４割、「互助会に入っている」人が約３割と金銭的に準備をしている人が多い。「葬儀社や価格を調べている」「葬儀の段取りを決めている」等、実際の葬儀について具体的に考えている人は少ないが、「家族に自分の葬儀の話をしている」とした人が 40.5%と４割以上いることが注目される。また、「家族に自分の葬儀の話をしている」は、全ての年代で３割を超えており、40 代と70 代以上では５割に近くなっている。

出典：「葬儀にかかわる費用等調査報告書」（2002年３月東京都生活文化局）

04

最期の挨拶を、自ら残しておきましょう

●最期の日に伝えたい思い

1年の終わりには大晦日があり、新しい年を迎えます。年末年始には、一年を振り返り、新たな年への目標を立てます。

それでは、人生最期の日には、何を考え、何をしたいでしょうか？　私は、まわりの人たちに「ありがとう。あなたのおかげで楽しい人生だった」と感謝の気持ちを伝えたいと思います。また自分自身にも「お疲れ様。いろいろあったけど、よく頑張ってきたね。多くの人を幸せにしたね」と言って、終わりたいです。そして、

自分自身に対するご褒美として、自分らしさを表現した「ハッピーなお葬式がしたい！」と思うのです。

人は誰でも、「自分が死んでも、誰かに覚えていて欲しい」という潜在的な欲求があるはずです。そのために、自分をアピールする最後のチャンスがお葬式だといえます。それを人任せにしてしまっては、後悔しませんか？　お葬式は「死んだ後に、誰かがやってくれること」ではなく、「生前から、自分で準備できるもの」なのです。

●「自分らしさ」のアピール

人生を卒業する自分自身に、残された家族に、お世話になった方たちに、それぞれ贈りたい言葉があるでしょう。それらを、あらかじめ準備しておいたらどうでしょう。また「まじめな先生」「音楽が好きだった」「一見、堅そうだが、じつは気さくな人柄だった」など、「こんな人として覚えていて欲しい」という自分の人となりも、お葬式の時に改めて、伝えておきたいとは思いませんか?

それを自ら残しておきましょう。文章でもいいし、声でもいいし、今なら映像で残すことも難しくはありません。

お葬式もワンパターンではなく、「自分らしさ」を伝えられる演出ができる時代になりました。本書では、章ごとに段階を追って、そのお手伝いをさせていただきたいと思います。

05

音楽葬で、ハッピーエンディングを!

●音楽は故人の個性の表現

自分らしいお葬式を提案する中でも、今回、特にお勧めしたいのは音楽葬です。キリスト教のお葬式には、賛美歌やゴスペルがつきものです。そもそも、宗教的な儀礼には、古来から音楽が不可欠でした。ところが、日本の仏教のお葬式には音楽はなくて、お経だけです。これは、むしろ特殊なことではないでしょうか?

ハッピーなお葬式をするために、音楽はとても大きな役割を果たします。音楽には、言葉はいりません。世代や国境を越えて、どんな人にも通用します。また音楽には、人の心を癒す力があります。そして誰もが、思い出の曲や、自分を励ましてくれた曲を持っているのです。

近年、宗教にこだわらない自由葬が増える中で、故人の趣味をテーマにしたお葬式も多くなっています。絵画、ワイン、スポーツなど、さまざまなテーマがありますが、音楽なら誰にもわかりやすいし、お葬式という限られた時間の中で共有することもできるのです。

最近は、普通のお葬式でも、最初や最後に音楽を流すことは珍しくありません。故人が好きだった曲を流すとか、故人を偲んで演奏するといった演出を取り入れることで、音楽をよすがに、故人への思いはより深くなることでしょう。故人が満足して人生を終えたなら、悲しい曲より、むしろ楽しい曲で送り出してあげましょう。

ハッピーソングでハッピーエンディング！　これこそ、理想のお葬式ではないでしょうか？

第二章

お葬式を取り巻く環境も変わっている

お葬式は、昔からのしきたりに
従うものと考えられてきました。
しかし、社会状況の変化や個人の意識の変化などで、
お葬式は大きな変革の時代を迎えています。

01

コミュニティが崩壊して、お葬式も様変わり

●「地域」「家族」「会社」の崩壊

お葬式を取り巻く状況は、近年、大きく変わっています。

昔のお葬式は、個人の催しというだけでなく、コミュニティの催しという側面も大きいものでした。お葬式は、「地域」「家族」「会社」という3つのコミュニティによって支えられていました。

昔の日本では、おじいちゃん、おばあちゃんから孫までの三世代、さらにおじさん、おばさんやいとこも一緒に暮らすような大家族が珍しくありませんでした。隣

近所はみな顔なじみで、「遠い親戚より近くの他人」という言葉通り、日常的に助け合っていました。また終身雇用時代には、上司に仲人をしてもらい、会社からのローンで家を買うなど、会社も大きな「家」のような役割を果たしていたのです。ですから、いざ、お葬式となっても、年長の親族や地域の世話役が中心となって運営してくれたり、会社の人が手伝いに来てくれたりするということが普通に行われていました。自分が喪主となる初めてのお葬式でも、周囲に助けられて、無事に行うことができたわけです。

しかし今では、地域コミュニティは崩壊し、核家族になり、終身雇用制度も崩れてしまいました。お葬式を支えていた三つのコミュニティは、全てなくなってしまったのです。身内にはわからないことを聞ける人や助けてくれる人がおらず、近所や会社も頼れる存在ではありません。そんな社会環境の変化から、お葬式も変わらざるを得ない時代を迎えています。

●「自宅葬」から「会館葬」の時代に

特に都会では、早くからお葬式の簡素化が進んでいました。マンションなど居住環境の問題で、自宅での葬儀が難しいという理由もあるのでしょう。

地方では地域社会の一大イベントとして昔ながらのお葬式が残っている場合もありますが、それも前例に従っているということで、状況によって変わってくるようです。

例えば、地方のある町では、こんなことがありました。この町では代々、地域の人たちが協力して自宅でのお葬式を行っていました。そこに葬儀会館ができて、当初は「利用する人は少ないのではないか」と思われたのですが、すぐにみんなが会館を利用するようになったというのです。地域で支えるお葬式が続いていたのは、他に選択肢がなかったためで、内心では「大変だ」と感じている人が少なくなかったのでしょう。

旧来のコミュニティが崩壊する一方で、インターネットや携帯電話など、新しいツールを使ってのコミュニケーションが盛んになっています。新しいコミュニティが生まれているわけで、実際にミクシィ等、SNS（ソーシャルネットワークサービス）のコミュニティの中で、葬儀の連絡などが行われていることもあります。では、こういった新しいコミュニティが、昔のコミュニティに変わってお葬式を支えるものになるかというと、それは少し違う気がします。

02

お葬式に関する意識も変わっています

●「しきたり派」vs「自由派」

社会状況の変化に伴って、お葬式に対する意識も大きく変わっています。「昔からのしきたりどおり、行うべきもの」という考え方に対し、「従来型のお葬式でない、自由な形を受け入れる」という人が増えているのです。

2003年に博報堂が行った調査によると、音楽葬や地味葬など新しいスタイルのお葬式を、76・2%の人が支持しています（P41参照）。東京都生活文化局の02年の調査では、「家族の葬式は、故人の遺志を反映したものにしたい」という回答が約7割になっています（P44参照）。自分だけでなく、家族のお葬式にも、柔軟な考え方を持つ人が増えていることがわかりますよね。

宗教に対するこだわりも減っています。今は8割以上が宗教葬ですが、特に都会に住む若い人を中心に、「無宗教葬でいい」と考える人が増えているのです。

思えば日本人は、とても不思議な民族です。生まれたときは神社でお宮参りをして、お正月には初詣に行きます。そうかと思えば、クリスマスやバレンタインデーなど、キリスト教の行事を祝うし、子供の頃からミッションスクール通う人もいます。結婚式には神前式や教会式が多いし、それを日ごろの信仰とは関係なく選ぶ場合もあります。

それに比べると、仏教との付き合いは少なく、檀家であるお寺に「家族のお葬式で初めて行った」というケースも増えています。檀家といっても、若い世代が地元を離れてしまえば地理的にも遠くなり、疎遠になってしまうのも無理はありません。

●檀家制度は江戸時代から

じつは檀家制度は、江戸時代のキリシタン禁制によって始まったものです。仏教はもともと葬儀のような俗事に関わっていなかったのですが、それ以降、お寺でお葬式を行うようになりました。ですから「仏式にこだわらない」というのは、それほどおかしいことではないのかもしれません。

従来は、お通夜やお葬式に多くの人を招くという形が主流でしたが、最近では家族葬が流行しています。「高齢化で、定年から亡くなるまでの年数が長くなったことにより知人の数が少なくなった」という事情と、「本当に別れを惜しみたい人だけで、ゆっくり時間を過ごしたい」という人が増えたことが主な理由です。

中には、直葬《ちょくそう》といって、火葬だけしかしないケースも増加しています。しかし私は、お葬式は故人とのお別れのセレモニーであり、とても重要なものなので、お金はかけなくともきちんとするべきだと言いたいです。

（参考資料 3）お葬式のカタチには、男女とも改革的。

音楽葬、地味葬などの新しいカタチのお葬式が行われるようになりましたが、どうお考えですか。

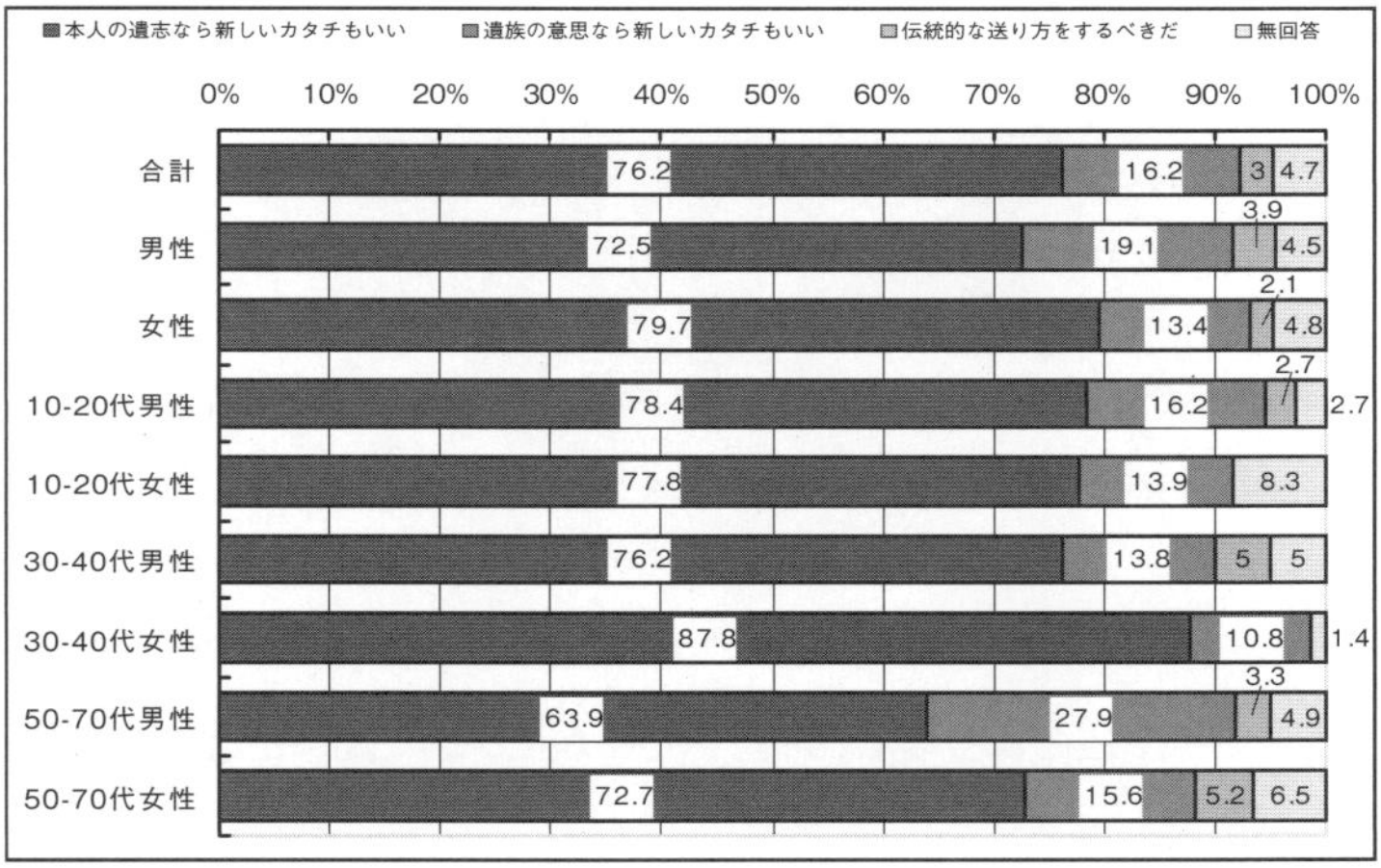

音楽葬、地味葬などの新しいお葬式のカタチは、全体の 76.2%が支持しています。こうした個性的なお葬式に眉をひそめる人はごく少数となっており、30～40 代の女性で反対する人は全くいませんでした。やや保守的なのは、30 代の男性と、50 代～70 代の女性です。

出典：「お葬式に関する意識調査」（2003年２月博報堂生活総合研究所）

（参考資料４）自分の葬儀の希望様式について

ご自分の葬儀をどのような様式で行ってほしいですか。

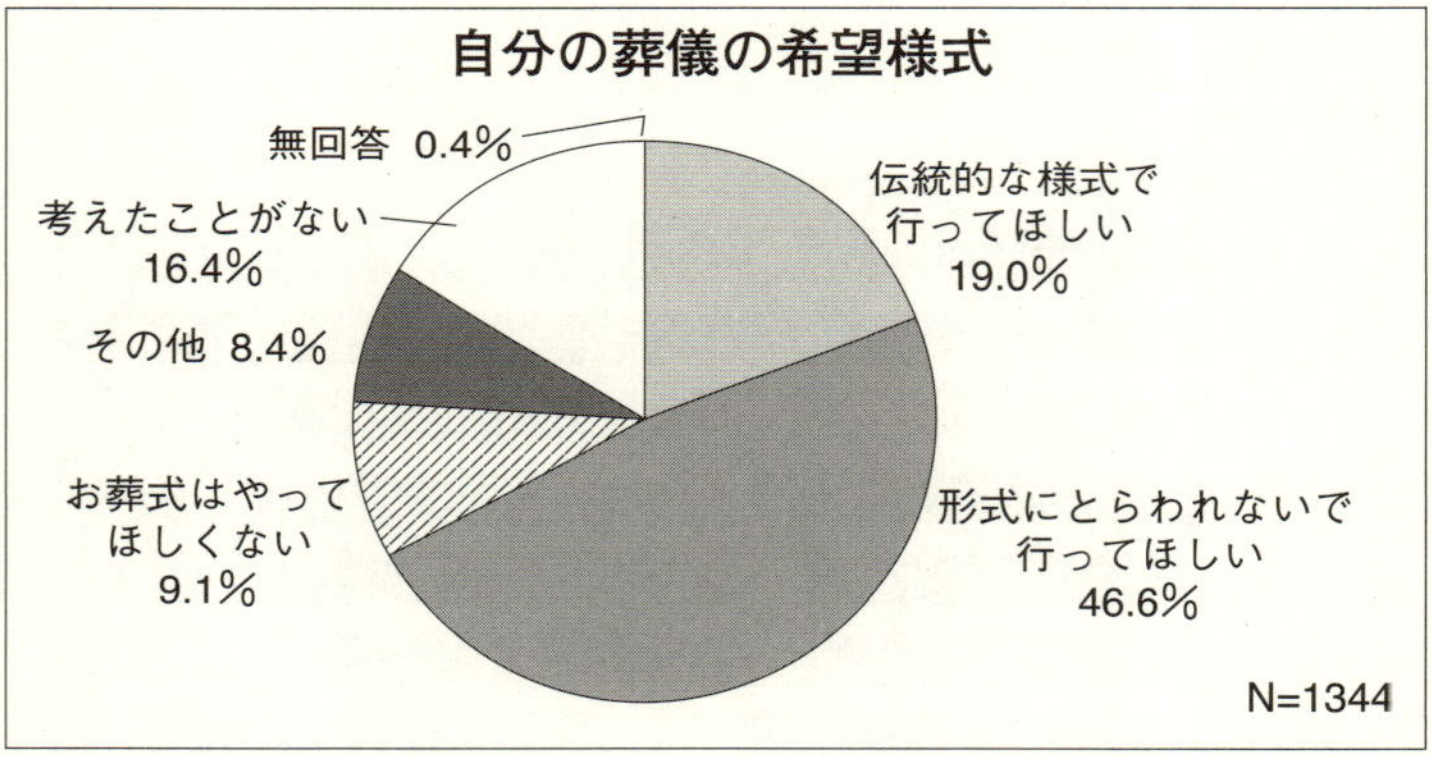

自分の葬儀をどのような形式で行いたいかについて聞いたところ、「伝統的な様式で行ってほしい」が 19.0%、「形式にとらわれないでやってほしい」が 46.6%となった。

出典：「葬儀にかかわる費用等調査報告書」（2002年３月東京都生活文化局）

自分の葬儀の希望様式について（つづき）

ご自分の葬儀をどのような様式で行ってほしいですか。

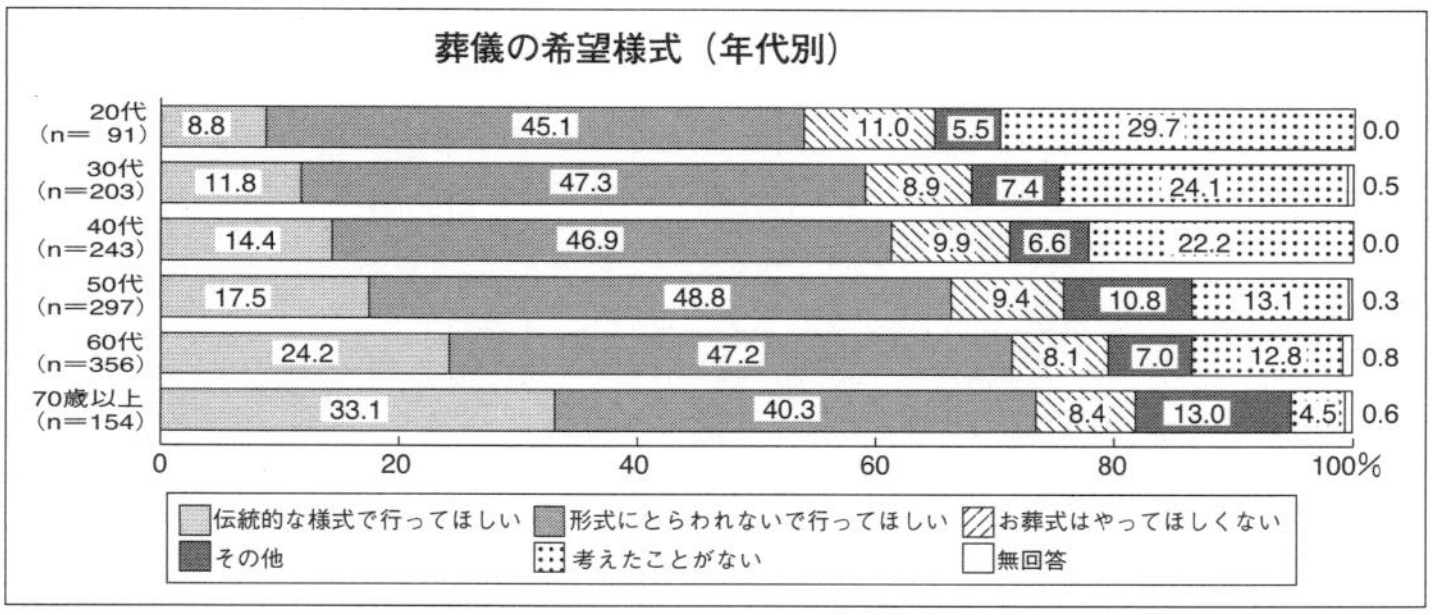

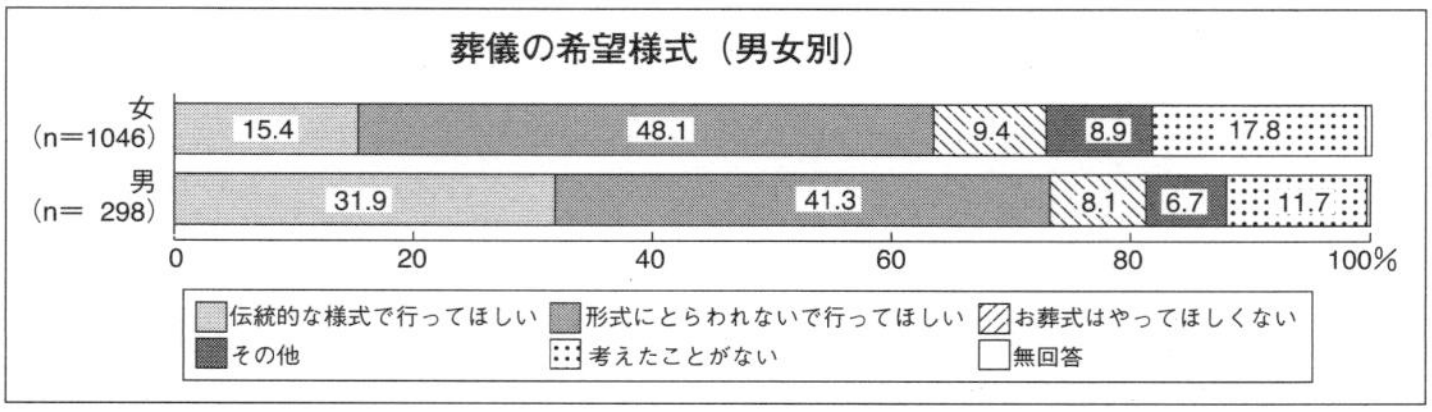

年代別にみると、「形式にとらわれないでやってほしい」人は、70 代以上で 40.3%と若干少なめである他は、全ての年代で 5 割弱を占めている。一方「伝統的な様式で行ってほしい」は年代が高くなるほど増える傾向にある。また、女性よりも男性のほうが「伝統的な様式で行ってほしい」と回答した人の割合が多い。自分の葬儀の規模との関連でみると、「人並み」を希望した人の 7 割以上が「伝統的な様式」での葬儀を望んでおり、「こぢんまり」と希望する人の 6 割以上が「形式にとらわれない」葬儀を望んでいる。

出典：「葬儀にかかわる費用等調査報告書」（2002年３月東京都生活文化局）

（参考資料５）家族の葬儀について

家族の葬儀についての考え

あなたは、ご家族の葬儀を行う場合についてどのように考えていますか。

次のなかから１つあげてください。

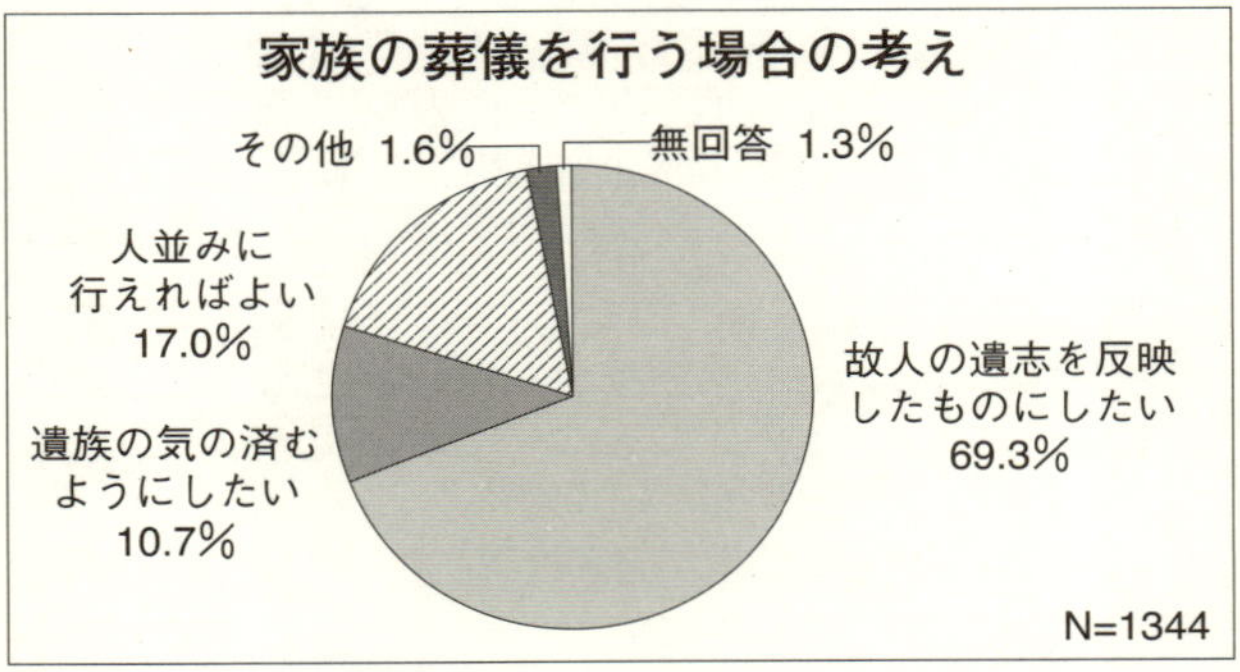

家族の葬儀を行う場合の考えについて聞いたところ、「故人の遺志を反映したものにしたい」が 69%を占め、「人並みに行えればよい」の 17.0%の４倍以上となった。

出典：「葬儀にかかわる費用等調査報告書」（2002年３月東京都生活文化局）

03

葬儀業界も激変期を迎えています

●葬儀会社も淘汰の時代

葬儀業界も変わろうとしています。昔からある地元密着の会社だけでなく、外資系の参入もあれば、ベンチャービジネスで10年ほど前に業界に参入し、今は上場している企業もあります。また、業界内での淘汰が始まり、人材育成や優秀な人材の採用にも力を注いでいかないと、生き残りが難しい時代を迎えたのです。

葬儀業界の新しい動きとして、まず注目すべきは人材育成です。日本では現在、葬儀のコースがある大学・専門学校が3校あります。「3校もあるのか!」と驚かれるかもしれませんが、これは世界的にみると大変遅れています。韓国では07年の段階で9校ありましたし、アメリカやイギリスでは大学に葬儀の学部があるのです。

3校の中の一つ、駿台トラベル＆ホテル専門学校で、私は非常勤講師を務めています。この学校の「フューネラル葬祭ビジネスコース」の学生は社会人中心で、多くの人が葬儀業界への就職を目的としています。学生には百貨店勤務の女性などもいますが、どちらもサービス業なので、ホスピタリティマインドがある人に向いている業界なのでしょう。心が傷ついた人をケアする仕事でもあるので、看護や介護の延長として人の役に立ちたいと考えて入学される人もいます。

私の書籍『ハッピーなお葬式がしたい！』に専門学校3校を紹介したのですが、書籍を読んで存在を知り、駿台トラベル＆ホテル専門学校に入学された方もいらっしゃいました。志の高い方のお役に立てて私自身嬉しかったです。

●日本でも資格制度を導入

人材を評価するための資格制度もできています。アメリカでは早くから「フューネラル（葬祭）ディレクター」という資格がありましたが、日本でも1996年に「葬祭ディレクター」制度が誕生しました。これは業界団体である「全日本葬祭業協同組合」が中心になって作られたものです。厚生労働省認定の「葬祭ディレクター技能審査」によって、葬祭に必要な知識と技能が審査されます。個人葬が行えるのが2級で、社葬の受注や会場設営、式典運営までできると1級です。これも、業者を選ぶ目安の一つになるでしょう。

人材が重視されるようになったことには、二つの側面があると思います。一つは、お葬式に「セレモニー」としての形だけでなく、ホスピタリティマインドが重視されはじめたということ。もう一つは、従来、式次第にのっとって画一的に行われていた葬儀に、自由さも求められてきているため、「お客様の立場に立って、ヒヤリングできる能力」が必要となっているということです。

（参考資料 6）遺族の要望

葬儀の際、遺族から何か要望を受けたことがありますか。

- 費用を安くしてほしい
- 質素にしてほしい
- 故人が好きだった花、音楽などを取り入れてほしい
- 会葬者の案内を充実してほしい
- 火葬場に行くときに、自宅の前を通ってほしい
- 葬儀後の、墓地、仏壇、寺などについて相談にのってほしい

（参考資料 7）今後の葬儀について

葬儀は今後どのようになっていくと思いますか。

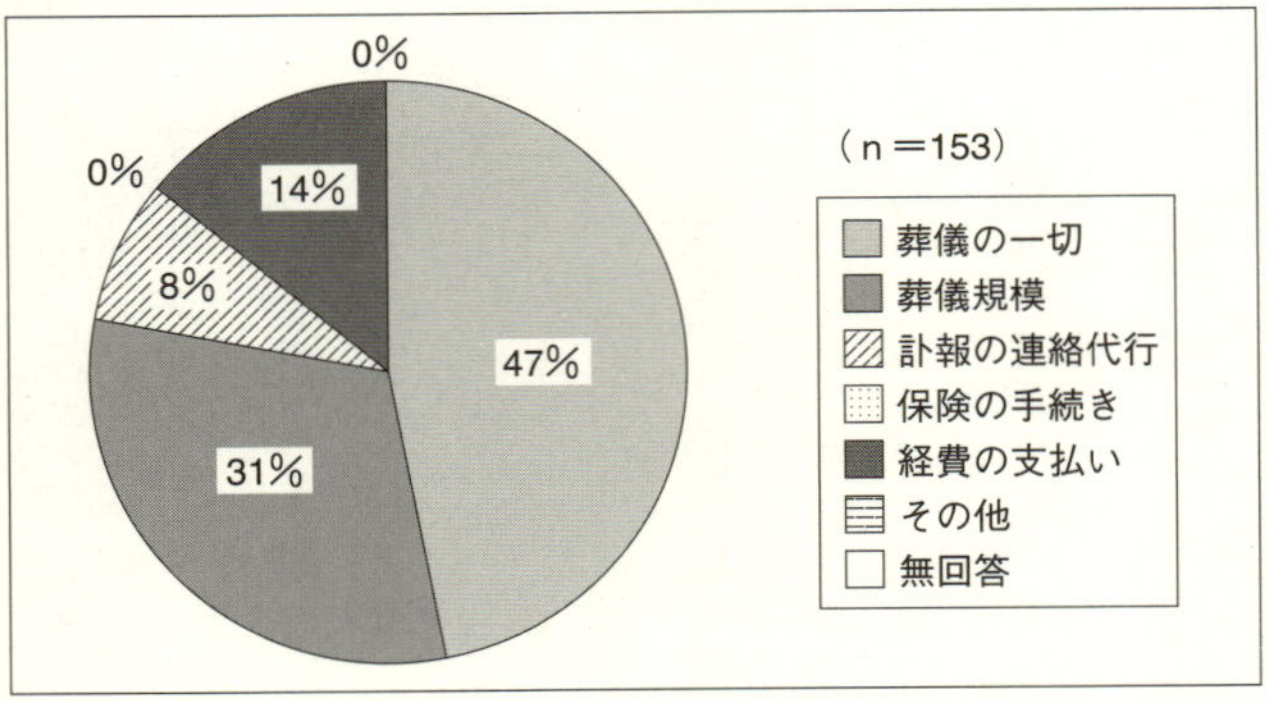

「規模・やり方がばらばらになる」が最も多く 42.6%、「地味に営む人が増える」が 34.2%である。

出典：いずれも「葬儀にかかわる費用等調査報告書」（2002年３月東京都生活文化局）

04

お葬式やお墓の最新事情をご紹介します

●新しいスタイルの葬儀会場

お葬式は、今や革命期を迎えたといっても過言ではありません。従来の常識を超えた、まったく新しいサービスも登場しています。そんな中から、いくつかの実例をご紹介しましょう。

最近の傾向の一つに、「家族だけの葬儀が増えている」ことがあります。葬儀会館でもそれに応じて、マンション形式の小さな会場を設けるところが出てきました。和室もあれば、高級な内装の部屋もあるなど、これまでの大きな会場に比べると個性があります。

お葬式だけでなく、お墓に対する考え方も、近年、大きく変わっています。核家族化や少子高齢化、離婚率増など、家族を取り巻く状況が激変して、従来の「家」意識は現状に合わなくなっているのです。お墓の継承も大きな問題ですし、特に女性の場合、お墓への希望はさまざまです。単身女性なら「自分ひとり」から「合同形式」までいろんな選択肢がありますし、既婚者でも「夫と同じお墓に入りたくない」という女性が増えているようです。

場所や継承などの問題もあって、「墓地」でなく「納骨堂」を選ぶ人も増えています。大都市圏では、立体的な墓地や納骨堂も登場しています。「壁は金箔で、床はイタリア製タイル」とか「素敵な音楽が流れ、照明も刻々と変わる」といったおしゃれな納骨堂が登場しています。

●ネットのお墓や手元供養

今では、インターネットのお墓まであるのです。世界のどこからでもアクセスでき、画面の中で本物のお墓参りのように墓石に水をかけたり、線香や花を供え、お経まであげることもできます。実家のお墓が遠い等の事情で墓参りをしたくてもできない人などにとっては、普段から故人を偲ぶことができる便利なシステムですね。もしかしたら将来、こうしたバーチャルなお墓が一般化する時代がくるのかもしれません。

供養で言えば、仏壇も変わってきて、洋間にも合うデザインや小型のもの、収納家具へのビルトインタイプのものまでできています。

ミュージシャンのイルカさんは2007年に亡くなったご主人のために、素敵な仏壇をご自身でデザインされたそうです。イルカさんはご主人に捧げる「はるじょ

おん　ひめじょおん」という曲を歌われていますが、歌詞に永遠の愛を感じます。

今では手元供養と言って、仏壇に変わる新しい供養方法も現れており、別の形で故人を身近に感じることもできます。例えばインテリアにもなる骨壷も作られていますし、故人の洋服の生地を使って作ったテディベアを置いておくこともできます。遺骨をペンダントに入れたり、遺骨そのものをダイヤモンドに加工し、指輪等にして身に着けることもできるのです。

大切なのは「形」より「心」です。「心」に重きをおけば、お葬式のあり方が変わってくるのも、当然だと思います。

第三章

お葬式の形も多様化している

社会環境と個人の意識の変化によって、
葬儀・埋葬のあり方も変わっています。
生前葬など、
新しいスタイルをご紹介しましょう。

01

宗教にこだわらない無宗教（自由）葬が増えています

●告別式と葬儀式の違い

お葬式には、仏式、神式、キリスト教式など、宗教によって、それぞれのやり方があります。日本では仏式が90％以上です。この場合の基本的な流れとしては、「入場→開式の辞→読経→弔辞→焼香→喪主挨拶→閉式の辞→出棺」という形になります。

これらをまとめて「お葬式」と呼んでいますが、じつはその中に「葬儀式」と「告別式」とがあるということをご存知でしょうか？　一つの流れの中で行われているので区別がつきにくいのですが、葬儀式とは宗教的な儀式で、告別式は亡くなった方とお別れする儀式のことです。

つまり葬儀式は、仏式なら僧侶の読経、キリスト教式なら神父や牧師のミサのことで、告別式はそれぞれ、お焼香と献花になります。神式の場合は、葬場祭と告別式となり、神主が祭詞を奉上して、参列者は玉串を捧げます。

教会で行うキリスト教式は別として、昔はお葬式を自宅で行っていました。しかし今では住宅事情などもあって、地域差はあるものの、葬儀会館など外部の会場で行うほうが主流になっています。さらにホテルでは、ジミ婚の流行や少子化、未婚率増などにより婚礼の売上げが減ったこともあり、お別れの会・偲ぶ会などの、いわゆる「ホテル葬」に力を入れています。このようにお葬式の会場が多様化して、音や映像の演出も可能になっていることから、「お葬式の内容」も以前より多様化しています。

●個性を生かした、多彩な自由葬（オリジナル葬）

特定の宗教にこだわらないお葬式を無宗教葬（自由葬、オリジナル葬）といいます。近年、自由葬が多くなった一番の理由は、宗教やお葬式に対する意識が変わったためです。大都市圏を中心に、お寺との付き合いがないという人も増えています。「お葬式のときだけ、家の宗派に従って知らないお寺に頼むより、個人の趣味嗜好を尊重したい」という考え方が出てくるのも当然でしょう。

自由葬には、さまざまな形があります。宗教的な儀式がないため、お葬式のテーマを決めることが必要になります。故人の職業や趣味によるものとしては、作品を飾った「絵画葬」や「写真葬」、「陶芸葬」、仲間が集まって思い出の場所で行う「ボウリング葬」や「カラオケ葬」。ワインの愛好家なら、お気に入りのワインを祭壇に振りかける「ワイン葬」など…。そしてメインになるのが、この本のテーマである「音楽葬」です。

「宗教の約束に従った、しめやかなお葬式」という固定観念にとらわれず、「故人が好きだったものをテーマに、人生の最期を送る」と考えれば、ユニークで印象的なお葬式のアイデアが出てくるでしょう。

02

自由葬とは、どんなお葬式でしょう?

●花で個性を演出

自由葬に決まりはありませんが、「死者を弔う場」であり、「親族や参列者が故人を送る気持ちを表現する場」であるということは、忘れてはなりません。

自由葬には読経や焼香がないため、全員での「黙とう」や故人をよく知る人からの「弔辞」、最期のお別れとしての「献花」などは必要でしょう。お経の代わりに音楽を使うことも多く、その場合は「音楽葬」とも言います。音楽葬に関しては、次の章で詳しくご紹介します。

宗教儀式を行わないため、祭壇の飾りつけも自由です。そのためお棺や遺影の周囲を生花で飾るという演出が主流になっています。故人の好みが出せるだけでなく、花には癒しの効果もあるからです。

お金を惜しまず、胡蝶蘭で埋め尽くしたお葬式もありました。タンゴが好きだった女性の場合は、真っ赤なバラを飾りました。大好きな映画「ローマの休日」をイメージさせるように、花で白い橋を作ったという人もいます。音楽愛好者の場合、花をアレンジして音符やギターの形にしたとか、ゴルフ好きがミニゴルフコースを作ってもらったという例もあります。

もちろん、好きだったものを直接、飾ることもできます。故人が描いた絵や写真を並べたり、生前に弾いていた楽器を飾るといったことは、珍しくありません。オートバイが大好きだった故人のため、会場に愛用の大型バイクを持ち込んだというお葬式もありました。このときは、葬儀会社がサービスで運んでくれたそうです。葬儀会社によってはさまざまなリクエストに応じてくれるところもあることがわかります。

●「家族葬」と「お別れの会」

従来のお葬式は、「亡くなってすぐに、お通夜やお葬式に多くの人を招く」というやり方が主流でした。ところが最近の流行としては、特に都市部を中心に、「家族葬」(密葬)として、家族やごく親しい人だけで故人を送ることも増えています。「大げさな葬式はいらない」という故人の希望もあれば、「お葬式の準備や参列者への対応に振り回されず、ゆっくりお別れしたい」という家族の思いもあります。

その場合、それだけで終わってもかまわないのですが、後日「お別れの会」や「偲ぶ会」を設け、大勢の方に参加してもらうこともあります。大勢の会葬者が予想される芸能人の場合、こういうやり方をすることも多く、それが一般の人にも広がってきているのです。

「お別れの会」「偲ぶ会」のメリットとしては、「あらかじめ日程がわかっているので、参加しやすい」ということがあります。急なお通夜や葬儀では、参列したくてもスケジュールが合わないとか、遠方で間に合わないということもあるでしょう。それが、葬儀から間を置いた「お別れの会」「偲ぶ会」なら、曜日も土曜日・日曜日など、集まってもらいやすい日にちを設定することができます。

●ホテル葬も増えている

「お別れの会」「偲ぶ会」なら、会場の設定もかなり自由になります。ホテルやレストランなど、結婚式ができるような会場なら、ほぼ大丈夫でしょう。それによって、内容もより自由になります。

最近増えている「ホテル葬」も、遺体のままでは行えないというところが多いため、「遺骨にしてから」ということになります。料理や演出はおてのものですから、「お別れの会」「偲ぶ会」を前面に打ち出すホテルも増えています。ホテルの中には、ホームページで紹介したり、パンフレットを用意しているところもあります。「ホテル葬」をオープンにしているところもあれば、頼めばやってくれるというところもあり、外資系ホテルでも相談すればできるところがほとんどです。

環境の変化と意識の変化があいまって、お葬式の選択肢は広がっているのです。お葬式はまさに変わり始めたばかりで、今後、さらにいろいろな方向性が出てくるでしょう。

03

人生の節目に、生前葬はいかがですか?

●生前葬の目的

生前葬とは、本人が元気でいるうちに、自分のお葬式を行うことです。

有名人では、1993年に水の江滝子さんが生前葬を行い、まだ珍しかったので、世間をあっと言わせました。お葬式の翌日、水の江さんは「なんともいえないいい気分です。心身が洗われて、生まれ変わったみたい」と語ったそうです。

スポーツ界では、故仰木彬監督が、野球殿堂入りの記念パーティを生前葬として開催しました。2004年12月のことで、参加者は4200人。その中には、仰木監督を尊敬するイチロー選手を始め、大リーガーとなっている選手も多数含まれていました。

生前葬の目的は、お世話になった方たちにお別れと感謝の気持ちを直接、自分の言葉で伝えることです。感謝したい相手には、恩師や上司など年長の方も多いはずですが、そのうちどれだけの方が、自分の死後のお葬式に参列してくれるでしょうか。直接、感謝の思いを伝えるには、自分も相手の方も元気なうちのほうがいいのではないでしょうか。

また、普通なら出席できない自分のお葬式を自ら演出するので、思い通りの式にすることができます。

●退職や長寿の祝いに合わせた生前葬

時期を自分で決められる生前葬は、退職など人生の節目や、古希や喜寿といった祝いの年に合わせて行うことが多いようです。また、病気で余命を宣告された人の中には、まだ元気なうちに生前葬でお別れをして「元気な姿」を記憶に残したいという人もいます。

宗教にこだわらない自由葬がほとんどですし、本人も元気なことから、内容も映像や音楽を使った明るいセレモニーとなることが多いのです。これまでの人生を振り返ってお世話になった方たちに感謝の気持ちを伝え、また新たな段階への出発点としての決意を語るといった構成になります。ですから「お別れ」や「感謝」の会というだけでなく、「新たな旅立ち」「長寿の祝い」といった要素も大きくなると思います。

私は、特にオーナー社長の方には生前葬をお勧めしたいと思います。後継者に道をゆずるためにも、区切りの年に「引退式&生前葬」を行って、今までの自分が苦労し積み上げてきた功績に自分自身でご褒美をあげて欲しいと思うのです。生前葬のメインの演出として、自分のためだけの「音楽」や、生涯を振り返る映像DVDを作ったり、自叙伝(自分史)を書いて参加者配ることもよい方法です(第八章参照)。

楽しい老後や幸せなエンディング（最期）を迎えたくても、わからないことが多く、とかく不安になりがちです。そこで、葬儀関連のすべての分野で経験豊富な専門の相談員に無料相談できる「ハッピーエンディングサポートデスク」を開設しました。マイエンディングプランや大切な方のエンディングに関するご相談、遺言、相続、葬儀会社選択のポイントなど、葬儀・仏事にかかわる不安解消のお手伝いをいたします。また、必要に応じ厳選した全都道府県の約４６０の信頼できる会社の中から、中立の立場で条件に見合う葬儀会社を数社紹介することもできます。全国の寺院・お墓・納骨堂等の紹介もできますので、何でもお気軽にご相談ください。

〈主な相談可能内容〉葬儀全般、葬儀社の選び方、費用の見積り、遺言、相続、寺院、墓地・納骨堂、散骨、仏壇・仏具、遺品の整理、法要、介護、シニアハウス、その他葬儀に関わる全てのこと。※詳しくはホームページhttp://www.musicso.jp、携帯サイトhttp://musicso.mobiをご覧ください

■ハッピーエンディング サポートデスク

電話番号　０３－５７３０－８０６０（24時間365日無料相談）

メールアドレス　support@musicso.jp

第四章

音楽の力と音楽葬のすすめ

音楽には年齢や国境をこえる
普遍性があります。
また悲しみを和らげる
“癒し”の効果もあるのです。

01

言葉がいらない音楽には、壁がありません

●音楽は世界共通語

音楽は言葉を必要としません。もちろん、歌詞をつけた音楽はありますが、曲だけでも十分に成り立ちます。ですから、どんな国の人にも同じように愛される音楽が生まれるのです。もしかしたら、音楽こそ、全世界共通のコミュニケーションツールかもしれませんね。

喜劇王チャップリンは、無声映画から有声映画に変わる時に反対したそうです。英語圏以外の国の人に、自分の言いたいことが伝わらないことを危惧したのです。

そのチャップリンが英語圏以外の国に行ったときに、観衆から歌を歌って欲しいと言われます。チャップリンが歌ったら、みんな感動のあまり泣き出してしまいました。じつはチャップリンは、即興で作った曲にアルファベット、ABCをつなげただけで歌ったのです。チャップリン自身が危惧した問題を、音楽で解決した瞬間でした。音楽は言語・国境を超越しますね！

外国の曲を聴いて、「言葉はわからないけれど、感動した」という経験は誰にもあると思います。また赤ちゃんは言葉がわからなくても、子守唄を聴いて安らかに眠ります。

●「誰でも知っている」曲がある

例えばビートルズの曲は、年齢を問わずほとんどの日本人が知っています。日本ばかりでなく、世界中どこへ行っても「ビートルズの曲を知らない」という人のほうが珍しいでしょう。もし「ビートルズなんて聴いたことがない」という人がいたとしても、その場で一緒に曲を聴けば、その短い時間で音楽体験を共有することができます。

同世代で活躍する歌手の名前や曲は、国を越えて多くの人に知られています。しかし、音楽以外のジャンルでは、これはなかなかないことです。例えば「現代のイギリスの作家や画家を知っていますか？」と聞いたら、ビートルズのように知られている名前は、まずないでしょう。名前は知っていても、実際に作品を読んだり、観たことがある人となると、さらに少なくなるはずです。

音楽にはまた、シャンソン、カンツォーネ、タンゴ、ボサノバなど、国を代表するようなジャンルがあります。中でも有名な曲は、国境を越えて世界中の人たちに知られています。また、そういったジャンルの曲は、初めて聴いても「これはフランス」「こちらは中国」などと、国をイメージすることができます。

これもまた「音楽は国境を越える」ことを表しています。

●音楽は世代を超える

音楽は国境を越えるだけでなく、世代を超えて通用します。考えてみれば、音楽ほど「世代を超えて語れる」テーマはないのではないでしょうか?

例えば「紅白歌合戦」を見ながら、家族で語り合うことができます。親子はもちろん、おじいちゃんと孫でも会話ができるというのは、珍しいことでしょう。2007年の「紅白歌合戦」の時に、我が家は上の子が高校3年生、下が中学2年生でしたが、それぞれが自分の世代の曲を語ることで、家族が同じ話題を共有できました。先ほど例に挙げたビートルズの曲も、親が教えなくても学校で習ったりもします。それを聴いて「素晴らしい!」と思う気持ちは、親子という世代を超えて共通なのです。

映画やドラマ、小説の場合、大ヒットしても年代や性別が限られる場合があります。まず初めに、こちらから「興味を持って接する」ことが必要なため、自分のアンテナにピンとこないものは通り過ぎてしまうのです。ところが、音楽はいろんなところから自然と耳に入ってきます。街で流れていたとか、家族が聴いていたとか……。そのおかげで共有性が高くなるのです。

02

音楽は人の心を癒し、解放してくれます

●音楽が持つ〝癒し〟の力

古代エジプトでは、音楽がウツの治療薬として使われていました。現代病とも言われるウツが、古代からあったことも驚きですが、音楽が治療薬に使われていたとは、二度ビックリです。

たしかに音楽は心を癒してくれます。いい音楽は、疲れた時にも、元気付けてくれます。「悲しい」、「苦しい」といった感情も、音楽によって開放され、ストレスを減らすことができます。いい音楽を聴いて、安らかに暮らしたいですね。

そんな音楽の力を、もっといろんなところで使えばいいのに…と思います。例え

ばシルバーハウスでも元気のでる音楽を流すべきですし、ホスピスなど終末医療の場では、音楽の持つ癒しの力が特に必要でしょう。戦場でいい音楽を流せば、兵士たちも心穏やかになり、戦う意欲をなくすのではないかと考えたりもします。

「ショーシャンクの空に」（1994米、監督：フランク・ダラボン）という映画を観られた方はいらっしゃいますか？　冤罪で刑務所に入れられた銀行マンが絶望の淵から、あきらめずに明日を切り開いていく物語です。その中に、こんな場面が出てきます。主人公アンディは刑務所の図書室の改善を陳情する手紙を州議会あてに6年間書きつづけた結果、本やレコードが届きます。アンディはオペラ「フィガロの結婚」を、刑務所中に響き渡らせます。それによって囚人たちは、美しいソプラノの声に一瞬の自由と安らぎを味わいます。とても共感できる話でした。どんな環境においても、音楽は人間にとって大切な役割を果たすものなのです。

私は2007年の2月末から、急性肝炎のため1ヵ月半ほど入院生活を送り、劇症化しかけたため、一時は「このまま死んでしまうかもしれない」と覚悟しました。病院では、ほとんど音楽が流れません。その大学病院では日曜の朝だけは、起床の時に音楽が流れるのですが、とても気分がいいものでした。「毎朝、音楽を流してくれれば、いつも幸せな気分で新しい一日を迎えられるのに」と思ったものです。

●音楽を嫌いな人はいない

音楽には、クラシック、ジャズ、ロック、ポップス、演歌に民謡、童謡など、さまざまなジャンルがあります。そのどれもが嫌いで「好きな音楽はない」という人はごくまれで、たいていは誰でも好きなジャンルや曲があるでしょう。

また誰にも、思い出の曲があると思います。「小さい頃にお父さんと一緒に歌った曲」、「悩み多き青春時代に励まされた曲」、「初めての子供が生まれたときに流れていた曲」など、音楽と思い出は深く結びついていることが多いのです。人生のいろんな段階で、音楽に勇気付けられたり、癒されたりしてきたはずです。

勝負の世界に生きるスポーツ選手も音楽に勇気づけられています。マラソンの高橋尚子選手が、練習中やレース前にテンションを上げる曲としてhitomiの「LOVE 2000」を使用してシドニー五輪で金メダルを獲得しました。また、大リーガーの松坂大輔投手が2007年10月のメジャーリーグ優勝決定シリーズ第7戦に自身の登場曲としてEXILEの「Real World」を使用。「結果出さなけりゃ、何もかもが全て終わる」という歌詞に共感して使ったそうですが、それまで不調だった流れを変えて勝利し、ワールドシリーズ出場、優勝に貢献しました。

音楽には、感情を増幅する作用もあります。もし映画やテレビドラマにBGMがなければ、感情移入しにくいでしょう。映画でドラマチックな曲が流れると、気持ちが高まって「思わず涙してしまう」ことになります。ミュージカルの舞台でも、曲に載せて歌うことで、台詞の感情がリアルに伝わります。たとえば私が好きな映画に『タイタニック』がありますが、ストーリーも素晴らしかったですが、セリーヌ・ディオンが歌った「マイ・ハート・ウィル・ゴー・オン」を聴くと、今でも映画の場面を思い出します。これも「音楽が引き起こす感情」が大きいという実例に他なりません。

03

私が音楽葬をすすめる理由

●なぜ仏教の葬儀には音楽がないのか？

キリスト教のお葬式では、参列者が賛美歌やゴスペルを歌って死者を送ります。日曜の礼拝でも賛美歌を歌うように、もともとキリスト教と音楽は分かちがたいものなのかもしれません。

ところが、仏教のお葬式にはお経しかありません。このことが、私には常々、不思議でした。日本でも古来から、宗教的な儀式には歌舞音曲がつきものでした。そもそも「歌」という漢字の中には、「神に問いかける言葉」という意味が含まれているのです。結婚式でも「高砂」などが歌われるのですから、お葬式でも「お経と音楽が共存してもいいのではないか?」という思いがあったのです。

最近では仏教の僧侶の中にも、柔軟な対応をされる方が増えてきました。「葬儀の最初と最後に音楽を流す」とか「お経の後に、音楽を流す時間を設ける」など、さまざまな要望を受け入れてもらえることも多いようです。お坊さんが音楽好きで、ご自身でも演奏をされているという方もいらっしゃいます。

「仏式のお葬式だから」とあきらめてしまう前に、「音楽を使いたい」という要望があれば、お寺や葬儀会社に相談してみましょう。

●仏式の葬儀・告別式の式次第

仏式のお葬式に音楽を取り入れる場合は、静かな音楽が中心になるので、一番感動の高まる出棺の時に故人の思い出の曲などを流すといいでしょう。

〈仏式のお葬式に音楽を取り入れる場合の式次第（例）〉

前奏…静かな音楽を流す

① 喪主・遺族の入場、着座

② 参列者の着席

③ 開式の辞

④ 僧侶入場、着座

⑤ 全員合掌

⑥ 司会者開式の辞

⑦ 読経

⑧ 弔辞朗読・弔電披露…BGMに静かな音楽を流す

⑨ 遺族・近親者の焼香…BGMに静かな音楽を流す

⑩ 一般会葬者の焼香…BGMに静かな音楽を流す

⑪ お別れの儀（棺に献花など）

⑫ 僧侶退場

⑬ 喪主挨拶

⑭ 出棺…最もドラマティックな曲を流す

後奏…静かな音楽を流す

04

自由葬には、音楽が欠かせません

●思い出でもあり、癒しでもある「音楽」

お葬式に音楽が必要だというのには、大きく2つの理由があります。音楽を通じて故人の人柄を表現し、その思い出を参列者が共有できるということ。そして残された家族が癒されるということです。

現在では「故人の趣味を生かした自由葬」が増えています。「趣味」といってもスポーツ、芸術、食など、さまざまなものが考えられますね。絵画や写真などは、鑑賞眼が求められるし、好き嫌いもあります。スポーツも、自分に興味がなければ、縁遠い世界かもしれません。しかし、「音楽」は普遍性が高く、どんな人にも受け入れやすいものだといえるでしょう。

自由葬には、僧侶や神父、牧師といった宗教者はいません。読経やミサのような決まりごともないので、式次第が自由に決められる反面、内容にメリハリが付けにくくもなります。その場合、音楽は全体の流れを支える大きな柱となります。単なるBGMでなく、献花や出棺といった場面場面を効果的に演出できるのです。むしろ、「自由葬には音楽が不可欠」といえるでしょう。

また遺族の方は、音楽によって癒されたり、感情を解放することができます。

グリーフワークという言葉をご存知でしょうか？　大切な人を失うと、大きな悲しみや寂しさが生まれます。その大きな悲しみの感情が、時間の経過により変化するプロセスのことです。大切な人が亡くなった場合、「悲しみ」をどうやって乗り越えればよいでしょう？　その人のことを無理に忘れようとすることは逆効果です。悲しみを発散しないと、いつまでも引きずってしまうことになりかねません。感情を抑圧せず、「思い切り泣く」ことはとても重要なことです。感情の揺れ幅が大きければ大きいほど、早く大切な人の死から立ち直り、自分を成長させることにもなるのです。

そこで〝癒し〟だけでなく、感情をほとばしらせる契機として音楽を利用することもよいでしょう。故人の思い出につながる曲や、好きだった曲を聴いて、存分に泣くということがあってもいいと思います。

●音楽葬の式次第

これはあくまでも一例で、順序が入れ替わる場合もありますし、企画の内容も自由です。音楽をメインテーマとしなくても、自由葬はおおむね、このような流れになります。音楽の果たす役割がいかに大きいか、おわかりいただけるでしょう。

〈音楽葬の式次第（例）〉

前奏……静かな音楽を流す

① 開式の辞

② 黙とう（全員起立）

③ 故人の思い出を表現……故人の生涯をDVDやナレーションと音楽でたどる

④ お別れの言葉（弔辞）

⑤ 献奏……故人の好きだった音楽をCDで流したり、生演奏する

⑥ 献花……故人の好きだった音楽を流す

⑦ 遺族代表の挨拶……BGMに静かな音楽を流す

⑧ 閉式

⑨ 出棺（お別れの儀式）……最もドラマティックな曲を流す

後奏……静かな音楽を流す

第五章

有名人の葬儀と、音楽葬の実例

お葬式の演出に音楽を意識的に取り入れたものは、
皆、広い意味で「音楽葬」といえるでしょう。
有名人のお葬式など、
いくつかの実例をあげて紹介します。

01

有名人の音楽葬

●イギリス国民に愛されたダイアナ元妃の音楽葬

イギリスでは、1997年8月31日に亡くなったダイアナ元英国皇太子妃の葬儀が9月6日、ウェストミンスター寺院で国民葬として盛大に行われ、友人の歌手エルトン・ジョンが「キャンドル・イン・ザ・ウインド1997」を生演奏しました。

他の音楽もダイアナ元妃が好きだった曲を中心に構成され、前奏曲、数曲の聖歌、ヴィルディの「レクイエム」、「ハレルヤ」が演奏され、多くの国民の心を打ちました。国をあげての「音楽葬」とも言えるでしょう。

●音楽葬の草分けは、石原裕次郎さん

日本で「音楽葬」というものが広く認識されるようになったのは、有名人のお葬式がきっかけではないでしょうか。最初は「有名人の特別なお葬式」と思われていたものが、しだいに一般の人にも取り入れられるようになってきました。今では、「音楽葬」をメニューにうたっている葬儀会社も少なくありません。

大規模な有名人の音楽葬といえば、1987年7月17日に亡くなった石原裕次郎さんあたりが最初でしょう。裕次郎さんは日活映画で華々しくデビューし、青春スターとして大活躍されました。歌手としても多数のヒット曲があり、その後はドラマ「太陽にほえろ!」で、お茶の間のファンも獲得しました。ですから、裕次郎さんが亡くなったときには、実に幅広い世代のファンが悲しんだものです。

8月11日に青山葬儀所で行われたお葬式には3万人以上のファンが集まり、2つ

の生バンドが裕次郎さんの生前のヒット曲を演奏しました。祭壇には愛車のベンツが飾られていたというのも、彼の個性をよく表していると思います。

現在でも石原裕次郎さんの曲の人気は高く、特に70歳以上の年齢の方のお葬式で流されることが多いようです。

●昭和の歌姫、美空ひばりさんの音楽葬

さらに大々的だったのが、1989年6月24日に亡くなった美空ひばりさんのお葬式です。裕次郎さんと同じ青山葬儀所で、7月22日に行われました。この時はお葬式の様子が地方の7つの会場にも同時中継され、会葬者の数は全国で7万2000人といわれています。

菩提寺は日蓮宗唱導寺で、9名の僧侶が列席。ひばりさん、江利チエミさんと共に〝三人娘〟といわれた雪村いづみさんを始めとする30人の歌手が、献歌として「川

の流れのように」を歌いました。最後は会場を取り巻くファンも一緒になって「悲しい酒」を大合唱して、別れを惜しみました。

今でも石原裕次郎さんと並んで美空ひばりさんの人気は高く、ひばりさんの曲もお葬式で流されることが多く、特に「川の流れのように」と「愛燦燦」に人気があるようです。

02

芸能人の音楽葬は、いまや定番

●「無責任男」らしい、ハッピーエンディング

2007年には、音楽界で活躍した方が次々に亡くなりました。そして、それぞれに特徴的な音楽葬が行われたのです。

3月27日に亡くなった俳優の植木等さん。コミックバンドとして結成されたクレイジーキャッツで人気を得て、「スーダラ節」を始めとしたヒット曲も多数あります。本人の希望により葬儀は密葬で行われ、その後、4月27日に青山葬儀所で「夢をありがとう　さよならの会」が催されました。

参列者は芸能関係者とファンを合わせて約2000人。関係者がさまざまな弔辞を送った中で、内田裕也さん、松任谷由美さん、ミッキー・カーチスさんの3人が、サプライズで「ロック版スーダラ節」を熱唱しました。植木さん自身が歌う生前の映像も流れ、映画で演じた無責任男のキメ台詞「はい、ご苦労さん」で幕を閉じるという演出も洒落ていました。これこそ、悲しいだけではないお葬式の見本だと思います。

●花に囲まれた坂井さんを「偲ぶ会」

6月27日には、ZARDのボーカル、坂井泉水さんが亡くなり、7月27日に「偲ぶ会」が行われました。青山葬儀所に集まったファンは4万1000人で、同葬儀所では石原裕次郎さんを抜いて、美空ひばりさんに次ぐ参列者数となりました。会場はZARDのアルバムをイメージした青と白の花で飾られ、入り口の大スクリーンには生前の坂井さんの映像が映し出されます。また暖色系の花を飾った祭壇の坂井さんの写真の前には、実際に使用していたマイクやヘッドホン、譜面台やマグカップが並べられ、坂井さん手書きの歌詞なども展示されました。

坂井さんのファン層は幅広く、学生や主婦、サラリーマンからOLまで、年齢も職業もさまざまな人が花を捧げました。最後は集まったファンがモニターの中の坂井さんに合わせて「負けないで」を涙ながらに合唱。40歳という若さで亡くなった坂井さんの早すぎた死を悼みました。

●昭和を代表する作詞家、阿久悠さん

8月1日に70歳で亡くなった作詞家の阿久悠さんの場合、葬儀・告別式は自宅のある静岡県伊東市で、密葬の形で行われました。その後、9月10日にホテルニューオータニで「阿久悠を送る会」が行われたのです。

作詞家としての活動も長く、売り上げはダントツだった阿久さんのことですから、和田アキ子さんやピンク・レディーさんなど、約1200人もの芸能関係者が駆けつけました。遺影は、ウイスキーグラスを手に笑顔を見せる阿久さん。阿久さんが作詞した曲名をつけた焼酎「勝手にしやがれ」や「狂わせたいの」がふるまわれ、阿久さんの曲が生バンドで次々と演奏されました。また、若いころの写真など、生前の活躍ぶりが映像にまとめられ、大画面に映し出されました。阿久さんは、自らが作詞した名曲が流れる会場で、多くの歌手たちに見送られて天国へ旅立ったのです。

03

紅白歌合戦も音楽葬だった

●故人を偲ぶ企画が随所に

2007年の紅白歌合戦は、趣向を凝らした内容で見ごたえがありました。さまざまな演出の中でも、特に故人を偲ぶコーナーが随所に見られました。私から見れば、これも立派な音楽葬です。

まず、歌合戦の途中にはさまれる企画のうち二つが、そうでした。一つは「ZARDメモリアル」で、「揺れる想い」「グロリアス マインド」「負けないで」の3曲を、生前の坂井泉水さんの映像に合わせて、ゆかりのバンドが生演奏しました。

観客も立ち上がって一緒に歌い、まさに7月の坂井さんの音楽葬の再現ともいえるものでした。

もう一つは、美空ひばりさんの生誕70周年を記念した企画です。「愛燦燦」を、作詞者である小椋佳さんがひばりさんの映像とデュエットするというもので、途中には若い頃の写真も映し出されて、故人の活躍を振り返る内容となっていました。

また8月に70歳で亡くなった作詞家、阿久悠さんを追悼して、番組の最後の４曲は、全て阿久さん作詞の曲という念の入れようでした。和田アキ子さんの「あの鐘を鳴らすのはあなた」を皮切りに、森進一さんの「北の蛍」、石川さゆりさんの「津軽海峡冬景色」という順で、五木ひろしさんの「契り」で締めくくられました。

●「追悼の歌」も多彩に

その他、新井満さんの日本語詩・作曲で、１００万枚以上の大ヒットとなった秋川雅史さん「千の風になって」が、2年連続で歌われました。このときは、新井さんへ送られたファンからの手紙紹介もあって、盛り上がりました。

また、これまで数多くのヒット曲を書いている作曲家のすぎもとまさとさんの「吾亦紅《われもこう》」は、ご自身のお母さんを亡くされたときに、友人のちあき哲也さんから渡された詩に曲を付け、自ら歌った曲です。吾亦紅とは、バラ科の植物で秋の高原などに咲く野草で、すぎもとさんのお母さんが好きだった花だそうです。

また、レコード大賞も獲得したコブクロの「蕾《つぼみ》」も、コブクロの小渕健太郎さんが亡き母親の為に書いた追悼の曲でした。

このように、紅白歌合戦では、「追悼」が企画の大きな柱になっていたのです。

04

私自身が行った生前の音楽葬

●五木寛之さんも注目した音楽葬

このように芸能人のお葬式で音楽葬が当たり前になってくると、今後は、一般の人たちにも音楽葬が増えてくると思います。音楽が私たちの生活の一部となっている現在、「音楽で大切な人を送る」のは、決して特別なことではないからです。

作家の五木寛之さんが、2008年3月に音楽葬のためのCDとして「鎮魂楽」~a song for the last~をプロデュースしました。五木寛之さんまで音楽葬に注目していたことに驚かされました。私は2007年に書籍『ハッピーなお葬式がしたい』(マガジンハウス)を出版しましたが、9月に「ミュージック&ダンス生前葬」をテーマに、出版記念パーティを開催しました。

●私自身が行った生前の音楽葬

出版記念パーティは、自分自身で企画したものですが、約160名の方に集っていただきました。

まずはサックス四重奏で始まり、ソプラノ歌手のアカペラでの独唱や応援団の爆笑ライブがあったりなど、盛りだくさんな内容です。最後は、浅草サンバカーニバルで3年連続優勝したチームメンバーがサンバを踊ってくれました。すると、会場がまるでブラジルになったかのように、参加者がサンバを踊って盛り上がったのです。

参加された皆さんには、「音楽で、ハッピーなお葬式を」という私の思いを体感していただけたのではないかと思います。

第六章

小室哲哉さんにとっての〝音楽〟と〝癒し〟

活動を本格的に再開された小室哲哉さん。
絶好のタイミングで、
お葬式のための音楽をお願いできました。

01

小室哲哉さんもお葬式でピアノを弾きました

●奥様であるKCOさんの理解者だったお父さん

2007年の11月に、小室哲哉夫人KCOさん（globeのボーカルKEIKO、ソロ活動ではKCO、本名小室桂子さん）のお父さんである山田晋太郎さん（享年63歳）が脳内出血のため亡くなりました。KCOさんは大分生まれで、実家は山田屋さんというフグ料亭（東京・西麻布の支店が2007年ミシュラン二つ星に輝きました）です。

KCOさんにとって、お父さんは一番の理解者だったそうで、「子供の頃から大好きだった父が応援してくれたから歌手になれた」と語っています。歌が好きだったKCOさんが音楽の道に進めたのも、お父さんの理解があればこそ。オーディションを受けてglobeのボーカルに抜擢されてからは、お父さんはglobeを応援してくれて、特にデビュー曲「Feel Like dance（フィール・ライク・ダンス）」が大好きだったそうです。

小室哲哉さんは、挨拶のかわりに、亡くなった義父を偲んで、また大好きな父親を失ったKCOさんの支えになればという思いを込めて、お葬式で「Feel Like dance」をピアノで弾きました。そのときの小室さんの演奏は力強く、KCOさんは「父は明るい人柄だったので、自然に、まわりの人たちが祭りばやしを出してくれたり、まさにハッピーなお葬式でした。小室も自然に、ピアノを弾く気になったのだと思う」「指先に思いがこもって、他のときとは違う強さがあった。あんな演奏は二度と聴けないと思う」と私に話してくれました。

「家族が、故人の好きだった曲を弾く」というのは、まさに音楽葬の原点と言えます。また、小室哲哉さんは故人を偲んで「まれにみる仲のいい家族だった」と語り、涙を浮かべました。義理の父とはいえ、そんな心からの思いで演奏されたとは……。

小室さんとKCOさんは、いいご夫婦だと思います。

後日、小室さんは「葬儀にいらした住職が、たまたま僕と同い年で、TM NETWORKの大ファンであったということもあり、住職からもよいお話が聞けた」とも話されました。温かいお葬式であったことが想像されるお話です。

●小室さんに頼んだCM音楽

小室哲哉さんといえば、当代きってのヒットメーカーです。渡辺美里、TRF、安室奈美恵、篠原涼子、華原朋美、エ Jungle With t、鈴木あみ、globeといった大勢のスターを生み出し、次々にヒットソングを送り出してきました。

これまでにプロデュースしたシングル・アルバムの総売上枚数は、約1億7000万枚という凄さです。

実は以前から、私は小室哲哉さんとご縁がありました。1996年、日産自動車宣伝部時代に、S-RVという新型車のCMに安室奈美恵さんに出演してもらったことがあります。永井豪さんの漫画のキャラクターと安室さんとのCG競演だったのですが、そのCMの音楽制作を小室哲哉さんに依頼しました。そのときに、「この人は場面、場面に合わせた曲が作れる人だ」と感心しました。そして「いつかチャンスがあったら、自分自身の曲制作は、小室さんに頼もう」とずっと思っていました。

その後、早稲田実業高校の創立100周年の記念校歌を作られたり、アメリカでの同時多発テロを契機に立ち上げた"song+nation"で、被災者支援のチャリティーソングを作られる等、どんどん新境地を開拓されていきました。globeに元X-JAPANのリーダーYOSHIKIさんが正式加入したことには驚きました。これは小室さんのスケールの大きさを感じるエピソードです。

02

クラシックの巨匠たちはレクイエムを作りました

●小室さんにレクイエムをお願いしたわけ

さて、キリスト教のお葬式には、賛美歌やゴスペル音楽があります。また、昔からクラシックの音楽家たちはレクイエムを作ってきました。

私は、小室さんの天才的な音楽性をもってすれば、レクイエムを作れるはずだと考えていました。1999年3月に安室奈美恵さんのお母さんが亡くなった際、小室さんは、globeのツアー中にその知らせを聞き、小室さんの作詞作曲・安室さんの歌で大ヒットした「Don't wanna cry（ドント・ワナ・クライ）」をコンサートの中、ピアノで弾きました。その意味がわかり涙を流した人もいたそうです。そして、2007年11月には、奥様のKCOさんのお父さんのお葬式で、お父さんの好きだった「Feel Like dance」をピアノで弾きました。

身近で大切な人を亡くされた小室さんは、「死」や「お葬式」について考えるところがあったそうです。そんな経験もあって音楽の持つ〝癒し〟の力を再認識され、「これからは心に響く曲を作っていきたい」と語ります。

そこで今回、私から小室哲哉さんに、「ハッピーエンディングに向けて、人生のフィナーレを飾る曲を書いて欲しい」とお願いしたところ、快く引き受けていただいたわけです。「心に響く曲」「心を癒すレクイエム」という思いに、共感していただけたからだと思います。

●小室さんは音楽界のイチロー

私は、小室哲哉さんは天才的な音楽家でありながら、陶芸家のように作品の完成度に対するこだわりが強い方だと思います。

私が接した人の中では、イチロー選手によく似ていると思います。私は日産自動車宣伝部時代に、イチロー選手をはじめてテレビCMに起用しました。イチロ・ニッサンキャンペーンというヒットCMになったわけですが、彼の野球に対する真摯な姿勢は、その頃も、メジャーリーガーとなった現在も変わらないと思います。

どこのコースの球でも打てるという点でも、イチロー選手と小室哲哉さんは共通しますね。小室さんはもともと、クラシック音楽にも通ずる美しいメロディラインをベースとするアーティストで、尚美学園大学の特任教授として新世紀音楽概論を教えていますが、「クラシックとポップスのコラボレーションが世界に通用する音楽だ」とも語っています。ですから、数々のヒットを生んだ従来の「小室サウンド」とは違った、シンプルで心地よい音楽を作ることもできるのだと思います。

03

本格的な活動再開の節目となる、今回のレクイエム

●新生・小室さんが目指すもの

2007年11月27日に、CCレモンホール(旧渋谷公会堂)でTM NETWORKの復活ライブが行われました。小室哲哉さん、宇都宮隆さん、木根尚登さん、3人の息はピッタリ。宇都宮さんのしなやかな動きやパワフルな歌声も昔のまま、ステージはさらにパワーアップしていました。

小室哲哉さんのプロデュースとなる新ユニット「パープルデイズ」も、ゲスト出演で2曲歌いました。21世紀のTM NETWORKとして2008年にデビュー

する予定ですが、歌も演奏もうまく、ライブ後に話をしたところ謙虚で爽やかな3人でした。

小室さんは、この数年は音楽活動を行っていませんでしたが、2008年イーミュージックという新しい音楽会社で、活動を本格的に再開するそうです。3月12日のKCOさんのソロシングル、3月27日からのTM NETWORKのライブツアーを皮切りに、音楽プロデュースに、ライブ活動にと露出が増えるそうですが、音楽界の頂点を極めた人でありながら、「原点に戻ってゼロからやり直す」という強い姿勢が感じられます。

●「HAPPY ENDING」をはじめて聴いたとき

2008年3月12日に、小室哲哉さんから、まだ完成途中の曲「HAPPY ENDING」をはじめて聴かせてもらいました。鳥肌が立ちました。そして感動しました。

小室さん自身が演奏されたピアノ曲で、繊細で、とても美しい音色でした。シンプルながら、深みのある音で、さすが小室さんだなと思いました。CDに落としてもらい、家で何度も繰り返して聴きました。

いろいろな場面が自然とイメージできました。もちろん、自分の人生のフィナーレの時を。そして大切な人たち、父、母、弟、妻、子供、お世話になった人たちとの別れの時を。涙が止まりませんでした。しかしそれは、悲しみの涙ではなく、「生まれてきてよかった」、「大切な人たちと出会えてよかった」という感動の涙でした。

歌詞はありませんが、曲がいろいろな言葉で語りかけてきました。歌詞がないだけに、さまざまな感じ方ができました。

「音楽に言葉はいらない」って本当です。この曲を聴いた人が百人いれば百通りの感じ方があると思います。自分の最期の時に聴くことができたら、心穏やかに永遠の眠りにつけそうですし、残された家族を癒してもくれるはずです。小室哲哉さんに、音楽制作をお願いしてよかったと心から思いました。この曲は、小室哲哉さんにしか作れないと思います。

こんな素晴らしい曲を作っていただいた小室哲哉さんの深い友情に、心より感謝いたします。

私のお葬式では、この「HAPPY ENDING」をレクイエムとして流すことに決め、家族にも、そう伝えました。

第七章

音楽葬に使いたい、こんな曲、あんな曲

自分の最期を飾る曲は、ジャンルなどにとらわれず、
「好きな曲」を選びましょう。選び方に迷ったら、
「お別れの歌」「感謝の歌」などテーマを決めるとよいでしょう。

01

お葬式で流す音楽の主流はクラシック

●音楽葬をおこなう準備

音楽葬をしようと思った場合、まず「会場で音が使えるか」、「どんな設備があるか」を確認しましょう。火葬場に併設されているような会場では、音を使うことができないことが多いですが、葬儀専用の会館では、マイクやスピーカーだけでなく、ピアノやエレクトーンなどが備わっているところもあります。ＤＶＤなどを上映したい場合は、モニターやスクリーンの確認も欠かせません。音楽や映像を、どの場面でどの程度の長さで使いたいのか、葬儀会社と打ち合わせておきましょう。

次は、音楽をどのような形で流すかです。CDなどを持ち込む他、会場によっては生演奏という選択肢もあります。音楽葬に力を入れている会社では、エレクトーンなどもセットに入っているケースもあります。また葬儀会社によっては、契約しているアーティストを頼むこともできます。この場合は、基本的にクラシック系で、楽器はピアノやエレクトーン、弦楽器など。二重奏でも、四重奏でも、予算に応じて頼みましょう。通常は、演奏できる楽曲のリストがあるので、リクエストに関しては、相談してみてください。

違うジャンルを頼みたい場合、アーティストの派遣会社に依頼することになります。この場合は、葬儀会社との打ち合わせも必要です。家族や身内が生演奏する場合、会場にある楽器のほか、ヴァイオリンやクラリネットなどを持ち込むことになります。

●音楽葬を組み立てるときのポイントはテーマを設けること

音楽葬全体を、自分が好きなテーマで統一するというのも、素敵なアイディアですね。それによって、その人の印象が、より深くなります。

例えば「ジャズが好きなのでニューオリンズのジャズ葬式みたいに少し楽しいのがいいな。火葬に送り出してもらう時はトランペット・ソロで静かに悲しくショパンの『葬送行進曲』。帰りはニューオリンズ風のジャズバンドで『聖者の行進』とかをみんなで歌いながら、お酒もいっぱい飲んでもらって、踊りながら楽しんでもらって…。今からジャズ好きなお友達を増やしておこうと思います。」（56歳女性）という意見がありました。

タンゴやハワイアンといったお気に入りのジャンルで統一することもできますし、「ヨットが好きだから、海にちなんだ曲を集める」「大好きな映画音楽のメドレーで」

といったやり方もあるでしょう。

キリスト教では、参列者も一緒に賛美歌をうたいますが、音楽葬でもよく知られている曲の歌詞を配って、一緒に歌ってもらうという演出もあるでしょう。カラオケが好きな人の場合、カラオケ葬というのもあります。元気なときに歌っていた曲をメドレーで流してもよいですね。カラオケでマイクを離さないと文句を言われていた人も、この日は主役ですから、好きな曲を流しほうだいです（笑）。

●基本はレクイエム

お葬式に流す曲として、一般的に用いられる音楽はクラシックです。中でもまず思い浮かぶのはレクイエムでしょう。レクイエムとは、死者の安息を神に願うカトリックのミサのための音楽です。古今、多くの音楽家がレクイエムを作曲していますが、中でも、モーツァルト、ヴェルディ、フォーレが3大レクイエムと呼ばれます。日本ではレクイエムを鎮魂歌・鎮魂曲と呼ぶこともありますが、元来、レクイエムは魂を鎮める為のものではなく、死者に対する罪を軽くしてくれるように神に祈るものです。

以下はクラシックや宗教関係の曲から、私が選んだ曲です。

①モーツァルト「フリーメーソンのための葬送音楽」（友人の死を悼んで作った荘重でかつ温かいレクイエム）、「アヴェ・ヴェルム・コルプス」（亡くなる半年前に作った情感にあふれた曲）、「クラリネット五重奏曲イ長調」（友人シュタードラーのために書いたもの悲しくも美しい曲）、「ヴァイオリンソナタ」（美しく、繊細）

②ヴェルディ「レクイエム」（ドラマティックな曲で、故ダイアナ元妃の葬儀でも歌われた）

③フォーレ「ラ・シーヌの雅歌（がか）」（静かで美しい合唱曲）、「レクイエム」（父と母のために書いた優しさに満ちた曲）

④バッハ「主よ、人の望みの喜びよ」（静かでシンプルな響き）、「無伴奏チェロ組曲」（チェロの静かで美しい調べ）、「無伴奏ヴァイオリンのためのソナタとパルティータ」（せつなくも優美な曲）、「G線上のアリア」（優しくゆっくりした曲調）

⑤ショパン「ノクターンop9-2」（オーソドックスな美しい曲）、「別れの曲」（美しく叙情的な旋律）、「葬送行進曲」（雄大で美しい曲）

⑥ドビュッシー「月の光」（繊細かつ幻想的）

⑦ハイドン「弦楽四重奏曲作品76-5ニ長調」第2楽章　（深い情感ある楽章）

⑧その他「弦楽のためのアダージョ」「悲しきワルツ」「アヴェ・マリア」「アメイジング・グレイス（賛美歌第2編167番）」などが多く用いられます。

私は、この中では「アメイジング・グレイス」が好きです。聴いていると、穏やかな気持ちになれます。アレサ・フランクリンなど多数のアーティストが歌っていますが、2005年11月8日に白血病で亡くなった本田美奈子さんも歌っていて、日本でも有名になりました。個人的には2003年放送のフジテレビ系列のドラマ「白い巨塔」のエンディングテーマで使われていた、ニュージーランド人ヘイリーの歌声が好みです。

●団塊世代がお葬式で流したい曲

みなさんは、自分のお葬式で、どんな曲を流してほしいですか？ それは、好きな曲であったり、思い出の曲であったり、人それぞれの考えや嗜好性が出て面白いです。団塊世代へのあるアンケート結果は左記の通りです。男女で人気がわかれますが、美空ひばりさんの「川の流れのように」だけは男女ともに人気が高かったです。各年代によって、好みが分かれるところでしょう。

〈自分のお葬式で流したい曲〉

男性
1位　ビートルズ「イエスタデイ」
2位　美空ひばり「川の流れのように」
3位「マイ・ウェイ」

女性
1位　美空ひばり「川の流れのように」
2位「四季」
3位「アメイジング・グレイス」

また、お葬式に限りませんが、団塊の世代の「あなたの心に残っている歌」のアンケート結果は次頁の通りです。参考としてご紹介します。

ちなみに私は、今回、小室哲哉さんに作ってもらった「HAPPY ENDING」で決まりです。心が癒されます。

我が家で尋ねたら、家内は、39才で4人の子供を持ち、甲状腺腫瘍の手術をした現役サラリーマン歌手、木山裕策さんの「home」。子供たちへの愛や、親への感謝の気持ちを伝える歌詞が良いそうです。大学一年の長女(18)は、コブクロの「蕾」。母を想う歌詞が泣かせます。年代を超えて人気が高そうですね。中学三年の次女は、

〈あなたの心に残っている歌〉

舟木一夫「高校三年生」

坂本九「上を向いて歩こう」

南こうせつとかぐや姫「神田川」

美空ひばり「川の流れのように」

橋幸夫・吉永小百合「いつでも夢を」

井沢八郎「ああ上野駅」

ビートルズ「イエスタデイ」

いしだあゆみ「ブルー・ライト・ヨコハマ」

ビートルズ「レット・イット・ビー」

山口百恵「いい日旅立ち」

加山雄三「君といつまでも」

森進一「おふくろさん」

谷村新司「昴」

ジョン・レノン「イマジン」

ペギー葉山「学生時代」

布施明、小椋佳「シクラメンのかほり」

森山良子「この広い野原いっぱい」

「団塊の世代」全国アンケート（2006・11・25）読売新聞が、団塊世代を対象にした全国アンケート調査結果の一部。

浜崎あゆみさんの「Voyage」。「旅」をテーマにしたバラードですが、「旅立ち」をイメージさせるので、この曲が良いそうです。

76歳の父は、学生時代から銀巴里に通っていたほどのシャンソン好きで、越路吹雪さんの「ろくでなし」。70歳の母は、石原裕次郎さんのファンなので、「夜霧よ今夜もありがとう」だそうです。年代が変わると選ぶ曲も異なりますが、納得です。

「好きな音楽は人生の前半に決まる」という言葉もあります。多感な年頃に聴いた曲が、楽しい思い出・ほろ苦い思い出とともに、ずっと人生をとおして好きな曲となるのでしょう。

02

洋楽で人生に別れを告げるとしたら

●私が選ぶなら、スローバラード

使う曲は、クラシックに限りません。故人が好きだった曲なら、ジャズやシャンソン、ロック、歌謡曲、故郷の民謡や童謡でも良いでしょう。もし、熱烈な阪神ファンであれば「六甲おろし」でもかまわないと思います（笑）。

例えば私が洋楽を、スローバラード中心に選ぶと、こんな感じになります。

しかし、これはあくまで私のセレクトですので、読者のみなさんは自由に選んでください。

スティーヴィー・ワンダー「心の愛」
ジョージ・ベンソン「ギブ・ミー・ザ・ナイト」
ボビー・コールドウェル「スペシャル・トゥ・ミー」
ボズ・スギャックス「二人だけ」
ダイアナロス＆ライオネル・リッチー「エンドレスラブ」
ロバータ・フラック＆ビーボ・ブライソン
「愛のセレブレーション」
シカゴ「愛ある別れ」
ホール＆オーツ「キッス・オン・マイ・リスト」
クリストファー・クロス「セイリング」
クール＆ザ・ギャング「ジョアンナ」
アース・ウインド＆ファイアー「宇宙のファンタジー」
マイケル・ジャクソン「ロック・ウイズ・ユー」
ビリー・ジョエル「オネスティ」
カーペンターズ「トップ・オブ・ザ・ワールド」

●ヨーロッパ人が選んだ曲は

キリスト教の音楽といえば、私は賛美歌を連想します。しかし、この世とお別れするときに聴きたい曲は、それだけではないようです。ミュージック・チョイスというデジタルテレビ局が2005年に行った「お葬式に流して欲しい曲」の調査では、クラシックからロックまで、多彩な曲が選ばれました。ここではイギリス版とヨーロッパ版のベスト5をご紹介します。

〈お葬式で流したい曲ベスト５／イギリス版〉

①ロビー・ウィリアムス「Angels」

②フランク・シナトラ「マイ・ウェイ」

③モンティ・パイソン
「Always Look On The Bright Side Of Love」

④レッド・ツェッペリン「Stairway To Heaven」

⑤クイーン「Who Wants To Live Forever」

〈お葬式で流したい曲ベスト5／ヨーロッパ版〉

①クイーン「The Show Must Go On」

②レッド・ツェッペリン「Stairway To Heaven」

③AC／DC「Highway To Hell」

④フランク・シナトラ「マイ・ウェイ」

⑤モーツァルト「レクイエム」

イギリス版の10位までには、R. E. Mやベット・ミドラー、ロイヤル・スコットランド騎馬隊による「アメイジング・グレイス」も入っています。

ヨーロッパ版では、ドイツ人がヘヴィメタ好き、イタリア人やスペイン人はクラシック派で、ノルウェー人はフランク・シナトラの「マイ・ウェイ」など、国によって好みが分かれたそうです。イギリス版で一番人気の「Angels」は6位でした。

03

曲のセレクトに悩んだら、テーマを決めましょう

●お葬式に込める思いを音楽で表す

「好きな曲」といっても、人生の最期を飾る曲には何を選んだらいいのか、迷う人がいるかもしれません。そういう場合は、お葬式の参列者に伝えたい「自分の思いを歌に託す」と考えてみましょう。

最期のメッセージは「愛」?「旅立ち」?「卒業」?残された人への「感謝」や「応援歌」という考え方もあるでしょう。それぞれにふさわしいと思う曲を、知人からのアンケートも参考にしてリストアップしてみました。

〈永遠の愛をテーマにした曲〉

坂本九
「見上げてごらん夜の星を」
大滝詠一「幸せな結末 」
福山雅治「Heart」
小田和正
「ラブストーリーは突然に」
ゴスペラーズ「永遠に！」
B'z「ALONE」
X-JAPAN「Forever Love」
L'Arc~en~Cie 「Picies」
チャゲ＆飛鳥「SAY YES」
DREAMS COME TRUE
「LOVE LOVE LOVE」
MISIA 「Everything」
伊藤由奈「ENDLESS STORY」
KCO「春の雪」
青山テルマ「そばにいるね」
藤井フミヤ「TRUE LOVE」

〈旅立ちをテーマにした曲〉

globe「DEPARTURES」
小林 旭「熱き心に」
フランク・シナトラ
「マイ・ウェイ」
谷村新司「昴」
チューリップ「心の旅」
山口百恵「いい日旅立ち」
虎舞竜「ロード」
スピッツ「空も飛べるはず」
Mr.Children「旅立ちの歌」
井上陽水「闇夜の国から」
秋川雅史「旅立ちの日に」
中島みゆき「地上の星」
山下達郎「ライド・オン・タイム」
ゴダイゴ「ガンダーラ」
米米CLUB「浪漫飛行」
FUNKY MONKEY BABYS
「旅立ち」
EXILE・ゴダイゴ
「銀河鉄道999」
GReeeeN「旅立ち」
YUI「Laugh away」

〈卒業(別れ)をテーマにした曲〉

松任谷由美「卒業写真」
アン・ルイス
　「グッド・バイ・マイ・ラブ」
オフコース「さよなら」
海援隊「贈る言葉」
松田聖子「蒼いフォトグラフ」
H_2O「想い出がいっぱい」
石原裕次郎「粋な別れ」
森山直太朗「さくら」
徳永英明「輝きながら」
サザンオールスターズ
　「TSUNAMI」
サラ・ブライトマン
　「タイム・トゥ・セイ・グッバイ」
イルカ「なごり雪」
佐藤竹善「サヨナラ」
アンジェラ・アキ
　「Kiss Me Good-Bye」

〈感謝の気持ちをテーマにした曲〉

井上陽水・奥田民生「ありがとう」
SMAP「ありがとう」
宇多田ヒカル「Flavor Of Life」
平原綾香「Jupiter」
FLOW「ありがとう」
大橋卓弥「ありがとう」
GReeeeN「愛の唄」

〈元気が出る曲(癒しになる曲)〉

渡辺美里
　「マイ・レボリューション」
坂本九「涙くんさよなら」
舘ひろし「泣かないで」
坂井泉水「負けないで」
槙原敬之「どんなときも」
島倉千代子「人生いろいろ」
平井堅「大きな古時計」
坂本九
　「見上げてごらん夜の星を」
サザンオールスターズ
　「逢いたい時に君はここにいない」
大橋卓弥「はじまりの歌」

〈ディズニーの曲〉

ディズニーには癒しにもなる素敵な曲が多いので、特にディズニー好きの人にはおすすめです。

アラジン
「ホール・ニュー・ワールド」
ピノキオ「星に願いを」
オズの魔法使い
「オーバー・ザ・レインボウ(虹の彼方に)」
ライオンキング「愛を感じて」
美女と野獣「美女と野獣」
ポカホンタス
「カラー・オブ・ザ・ウィンド」
リトル・マーメイド
「アンダー・ザ・シー」

〈母親への思いを歌った曲〉

おかあさんが亡くなった場合に、感謝を伝えるためにも、思いを歌った曲を流すことも、よい方法です。

「かあさんの歌」
童謡「ぞうさん」
森進一「おふくろさん」
海援隊「母に捧げるバラード」
さだまさし・山口百恵
「秋桜(コスモス)」
すぎもとまさと
「吾亦紅(ワレモコウ)」
コブクロ「蕾」

残念ながら、父親への思いを歌った曲は少ないですが、加山雄三さんは中学生の頃に、往年の大スターで父親の上原謙さんとピアノコンチェルトを書くことを約束し、12年の歳月を費やして完成させました。そしてクラシック音楽に造詣の深かった上原さんの喜寿のお祝いとして誕生日に演奏されたそうです。そのクラシック曲が「父に奉げるピアノコンチェルト」、正式名「ピアノ協奏曲第1番二短調K—213」です。とても良い話です。

〈思い出の場所をテーマにする〉

例えば、横浜が思い出の場所であれば、いしだあゆみ「ブルー・ライト・ヨコハマ」や五木ひろし「横浜たそがれ」を流すというのは、どうでしょうか?

04

情景が目に浮かぶ映画音楽

●思い出の映画のテーマソング

好きだった映画のテーマ曲もよいでしょう。私なら2007年の映画『象の背中』の主題歌でケミストリーの「最期の川」。小説でも、映画でも大泣きをしてしまい、曲が流れるだけで涙ぐんでしまいます。パブロフの犬のような条件反射状態です（笑）。他には、『アルマゲドン』のエンディングテーマだったエアロスミス「I Don't Want To Miss A Thing」や、『愛と青春の旅立ち』『タイタニック』などのテーマソングもセレクトしたいですね。『ティファニーで朝食を』のテーマ曲「ムーン・リバー」も雄大な世界観がよいと思います。

また、韓流ドラマが好きな方なら、冬のソナタのテーマソングだったRyu「最初から今まで」の人気が高そうですね。

参考に「団塊の世代が選ぶ映画音楽ベスト10」をご覧ください。(テレビ朝日「題名のない音楽会」2007年3月18日より)

〈1位〉
タラのテーマ（風と共に去りぬ）
〈2位〉
ムーン・リバー
〈3位〉
慕情
〈4位〉
シェルブールの雨傘
〈5位〉
アラビアのロレンス
〈6位〉
時の過ぎゆくまま（カサブランカ）
〈7位〉
ひまわり
〈8位〉
荒野の七人
〈9位〉
男と女
〈10位〉
ベンハー

第八章

世界に一つだけの音楽葬を

「一生に一度のことだから、
お金を掛けても、自分だけの音楽葬をしたい!」。
そんな方には、あなただけの
オリジナル音楽葬をご提案します。

01

音楽葬をオリジナル曲で飾りましょう

●「世界に一曲だけのあなただけの音楽」を自分自身へのご褒美に

今回、私が新たに提案したいのは、「自分だけの音楽葬」です。「音楽葬は誰でもできる」とお話してきましたが、こだわれば、逆に「自分にしかできない音楽葬」も可能なのです。たとえば、プロのアーティストに「自分だけの曲を作ってもらう」というのはどうでしょう。

かつて西洋の貴族たちは、音楽家に自分のための音楽を作らせました。そういう意味では「自分だけの曲を作る」ことは、貴族のような贅沢な楽しみとも言えます。

音楽葬のハイライトに流れる曲が、もしも世界に一つしかない、あなただけのオリジナルの曲だとしたら、素晴らしいと思いませんか？　人生の卒業式を彩る曲を作ってもらえば、自分への最後のご褒美になります。残された家族にとっても、思い出の曲が残るというのは素敵なことです。

私は、「人生のフィナーレに聴きたい曲」というテーマで、小室哲哉さんに音楽制作をお願いし、「ＨＡＰＰＹ　ＥＮＤＩＮＧ」を作ってもらいました。私はこの曲を自分自身のお葬式で流してもらうことを決めました。

そんな風に、一流アーティストに書き下ろし曲を作ってもらえたら、それは何よりの宝物になるでしょう。自分のためだけに作られた「心に響く曲」があれば、人生のフィナーレを最高にハッピーな形で迎えられることになります。

レクイエムではないのですが、実際に坂本龍一さんに「いくら支払ってもいいから、自分だけの曲を作ってほしい」と頼んだ人がいたという噂話を耳にしたことがあります。このときは断られたそうですが、「一流アーティストにオリジナル曲を依頼したい」というニーズは確かにあるのです。

●世界に一曲だけのオリジナル音楽

お葬式に限らず、自分の子供の誕生、結婚、還暦などの記念に作ったり、奥様や恋人の誕生日にオリジナル曲を作れば、素敵なプレゼントになります。

そんなニーズにおこたえして私は「自分だけのオリジナル曲の制作」という新しいサービスを開始しました。お客様の要望をお聴きし、クラシック、ジャズ、シャンソン、ポップス、ロック、演歌等、すべてのジャンルの、好みに合うオリジナル曲を作るというシステムです。

もちろん、音楽制作はアーティストのクラスによって、金額に差があります。超一流アーティストから無名ながら作詞・作曲・アレンジ・歌唱の能力が高いアーティストまで選択も幅広く用意しています。依頼からの完全な受注生産になりますので、「お金は惜しまないから、どうしてもこの人に作ってもらいたい」という人から、

「ブランドにはこだわらないから、自分の好きな曲ができればいい」と考える人まで、さまざまなニーズに応えることができるでしょう。さらに、その曲を編曲して世界に一つだけのオルゴールを制作することも可能です。オルゴールの音も癒されますよね。

●依頼のタイミング

オリジナル曲を依頼するには、いくつかのタイミングがあります。

まず、長寿の祝いなど、人生の節目に合わせて作ってもらうというケース。例えば退職時に、退職金の一部を使って、自分の「レクイエム」を作っておいたり、「第二の人生への旅立ちを応援する曲」を作ることもよいでしょう。こういった場合には、生前葬をして第二の人生の門出を祝うこともできます。第三章でお勧めした「社長の引退式&生前葬」でも、オリジナルの曲があれば、世代交代しても創業社長のイメージは強く人々の心に残るでしょう。

オリジナル曲は、自分で依頼するだけでなく、残される家族の方が依頼することも可能です。生前に曲ができて、ご本人にも聴いていただければ、何よりのはなむけとなるでしょう。もしもお葬式に間に合わなくても、後で「お別れの会」を開いて参列者の方に聴いていただくとか、四十九日や一周忌の法要の際などに、家族が故人の思い出のために聴くということでもいいのです。

お世話になった方のために曲を作って、感謝の気持ちと共に贈れば、遺族の方への慰めになるかもしれません。親しかった友達のために仲間同士で「共有した時間や思い出」を曲にしてもらうこともできるでしょう。

尚、このサービスは株式会社イーミュージック（注1）（http://www.emusic.co.jp）と業務提携により行なっていますので、安心しておまかせください。

（注1）小室哲哉氏をメインプロデューサーとする音楽会社で、KCO等の一流アーティストも所属。

●制作までの流れ●

オリジナル音楽を作成したい場合、具体的な流れは次のようになります。

1．ホームページ（注2）から申し込み
（簡易ヒアリング）

2．見積もり提出

3．制作依頼

4．打ち合わせ（詳細ヒアリング）

5．楽曲制作

6．確認

7．CD制作

8．納品

●主なヒヤリング内容●

①どのような音楽を聴いてきたのか？…好きなジャンル、好きな曲、好きなアーティスト

②性格…明るい、かたい、やさしい等

③生活…どんな生活をしてきたのか？

④出身地…都会か？　地方か？　出身地によっては、ご当地ソングや民謡と音楽をミックスすることも可能

⑤どこまで必要か？…作曲、作詞、アレンジ、演奏、歌唱、どこまで用意する必要があるのか？

⑥曲の長さ

⑦全くのオリジナルか？　好きな曲のアレンジか？

⑧ご予算

※お客様のお話を十分聴くことにより、どんな方なのかを理解し、ピッタリ合った音楽を作ります。
※依頼するアーティストや、内容にもよりますが、発注から納品までの目安は最低１ヶ月ほどです。

02 自分史DVD、自叙伝、遺影写真、肖像画、家系図

●ドラマティックなDVDを作る

作家の深沢七郎さんは、生前に自分への弔辞のテープを、春夏秋冬のパターンで録音していたそうです。実際の葬儀も、ご自身の弾き語りの楢山節があるなど個性的でした。

また、朝のテレビ番組で有名なウィッキーさんとお会いした際には、「ハッピーなお葬式がしたいので、元気な姿やお世話になった方への感謝のコメントをつづったビデオを既に作っている」と言われました。

オリジナル音楽の制作と並んでもう一つのサービスの柱として、生きてきた証をカタチとして残すためのオリジナルDVD制作も展開しています。結婚式では、よく「新郎新婦の思い出のアルバム」といった映像が流れますが、その「人生の卒業式版」を、プロの手で作ってもらうというものです。故人の生前の写真や映像に、プロが作ったオリジナルの曲や、候補曲の中から選んだ曲を編集してBGMとして流し、ナレーションやテロップも入れます。生きてきた何十年にも渡る歴史を振り返るのです。

技術職の方であれば「プロジェクトX」風、営業職の方であれば「いつみても波瀾万丈」風、経営者であれば「プロフェッショナル」風や「ガイアの夜明け」風、苦労された方であれば「金スマ」風など、ドラマティックな演出をほどこします。

例えば、技術職の方の場合、「学生時代の実験風景」「会社での研究風景」などの写真をお借りできれば、とても印象的な映像が作れるでしょう。ビデオ映像がなくても問題ありません。写真だけで、十分素晴らしいDVDを作ることができます。

ご本人が元気なうちに依頼されれば、参列される方に伝えたいメッセージを、新しく録画することも可能です。自分のために作ってもらったオリジナル曲をバックに、自分の声と言葉で感謝の思いを伝えることができるわけです。これもオリジナル曲の場合と同じく、お葬式や生前葬で流すだけでなく、参列者にお配りすることもできます。その場合、音だけのCDか、映像入りのDVDかが選べます。

オリジナル曲制作と、制作の手順は基本的には同じで、まずはホームページ（注2）からの申し込みからスタートします。「どんな人生だったのか？」「社会に対して、どんな貢献をしたのか？」「どんなメッセージを残したいのか？」など、詳しくお聴きすることがポイントです。質の高いDVDを制作したいと思います。

サンプル画像も、ホームページ（注2）から見ることができます。

●自叙伝を書く

自分の一生をカタチとして残すために、生前に「自叙伝（自分史）」を書くこともおすすめです。自分の生い立ちから、苦労話、家族の話、仕事の話、成功ストーリーなど、一生を振り返って、言いたくても今まで言えなかったことや、これだけは言い残したいことを書き残せたら、頭も気持ちもスッキリし、達成感を創出できるでしょう。特に一代で会社を築いた経営者などの成功者であれば、なおさらです。自叙伝を書いたら、出版記念パーティを生前葬として開催して、感謝している人たちを招待し、出席者に渡してもよいでしょう。

ただし、「どこに頼めばよいかわからない」「自費出版は、だまされそうで心配」という声も聞きます。

そこで、自叙伝の制作を請け負うサービスもはじめました。自叙伝に限らず、小説、ミステリー、ビジネス書など、出版はどんなジャンルでも可能です。本を書いてみませんか？

本の構成からデザイン、印刷、製本まで一環してお世話します。筆不精だという方、書くことが苦手な方でも、優秀なライターがサポートすることも可能です。尚、内容、ページ数、装丁、部数などで、見積もりが変わりますので、ホームページ（注

2）から、お気軽にお問合せください。

お葬式で、自叙伝の一部を司会者が朗読する演出も嬉しいものです。本をまとめたダイジェスト版をお葬式の参列者に渡すことにも使えます。

●一流プロカメラマンに遺影を撮ってもらう

死後、時間がない中、遺影用の写真を急いで選んだり、スナップ写真から加工することは大変な手間です。いい写真があれば良いですが、あったとしてもスナップ写真から拡大したのでは、きれいに仕上がらないものです。

遺影の写真は、お葬式の主役です。また、その写真を、仏壇用にそのまま使われるケースも多く見られます。一回飾るとなかなか別の写真に変えません。何十年もの間、同じ写真がずっと飾られるものです。特に、女性の場合は、遺影用に綺麗に写った写真を用意しておきたいものですね。

「お母さん、綺麗だったね」「おじいちゃん、ダンディだね」などと、残された家族、子孫から言われたいですよね。ぜひ元気なうちに、自分の写真を撮っておきましょう。そこで、こんなサービスも提供しています。

「あなたも、有名ファッション誌や、国内外の有名俳優・アーティストの写真を撮影している売れっ子の一流カメラマンに、遺影写真を撮ってもらえる」という夢のようなサービスです。

あんな俳優や、こんな歌手と同じように写真を撮ってもらえるとしたら、素敵だと思いませんか？　希望されれば、写真集として一冊の本にすることも可能です。もちろん、遺影以外の用途でも大丈夫です。ホームページ（注2）からお気軽にお問合せください。

●トップレベルの画家に肖像画を描いてもらう

葬儀の主役である遺影用に、肖像画を一流の画家に書いてもらうというのはどうでしょうか？ 肖像画というのも、ヨーロッパの貴族のようでお洒落です。

肖像画は、王侯貴族たちが権力を誇示するために描かせたのがはじまりで、その後一般にも広く普及。肖像画は、自分自身の存在を死後にも残したいという潜在的な意識を満足させる役割を果たしてきました。そういう意味でも遺影にピッタリと言えます。写真が主役の現代であっても、欧米の家庭では肖像画は一般的です。肖像画は、人の手により一筆一筆丹精込めて時間をかけて描かれます。そのため、人の内面の魅力までも描かれるともいえます。また、絵画は長い年月を経ても、色あせません。

遺影だけでなく、自分自身のご褒美として、お父さん・お母さんの長寿のお祝い、結婚のお祝い、子供・孫の誕生記念、奥様や恋人の誕生日のプレゼントなど世界に一つだけの贈り物になるでしょう。一流の画家が揃っていますので、タッチの好み等によって選べます。画家の技術はもちろん、画材の一つ一つにまでこだわった一流の絵画を提供します。ご要望に応じて、直接お会いして描くことも、写真をもとに描くこともできます。そのため大切な人が亡くなった後に故人の写真をもとに描いてもらうことも可能です。

肖像画を描く場合、内面の魅力まで描き込むことが重要となりますので、人となりを知るためにプロフィールや性格、人生哲学などをお聴きすることになります。また、海外旅行などで行った思い出の場所の写真から絵画にすることもできます。

なお、画家は厳選した約1000名の芸術家リストからさらに厳選。日本芸術院会員クラス、日本美術院会員クラス、文化勲章受賞クラス、社会文化功労賞受賞クラス、重要無形文化財保持者（人間国宝）クラス等トップレベルの一流画伯をご提案します。このサービスは美術出版社・美術館学芸員等と業務提携して行っておりますので、安心してお任せください。

油絵に限らずアート制作のご要望があれば、ホームページ（注2）からお気軽にご相談ください。

●家系図を作る

仏教では「先祖を拝むことは、たくさんの命とのつながりがあるからこそ生きられることを確認すること」と教えています。家系図とは、血縁や結婚による関係性を図で表すものですが、自分自身のルーツを知ることで、自分の存在を確認するのはとても大切なことです。巨大な人間関係の中での自分の位置を知ることで、先祖への感謝の気持ちを持つことができ、それが供養にもなるはずです。また法事等、親戚が集まるところに持って行けば、話が盛り上がり、家族の絆も深くなることでしょう。なお、戸籍の保存期間は80年のため、時が経つにつれて記録をたどることが困難になります。先祖の記録が消される前に、家系図を作りませんか？　家系図制作サービスも行っておりますので、ホームページ（注2）からお気軽にご相談ください。

（注2）「世界に一つだけ」のオリジナル音楽制作・DVD制作・書籍制作・写真撮影・アート制作・家系図制作について、
詳しくはホームページhttp://www.musicso.jp、携帯サイトhttp://musicso.mobi　をご覧ください。

03

お葬式で流したい曲は人それぞれ

前章では、私自身が流したいと思う曲を挙げました。「最期の曲」は年齢や性別によって、好みも変わるだろうと思い、簡単なアンケートを行ってみました。少し長くなりますが、その結果をご紹介します。

①イニシャル　②年齢・性別　③曲名　④選んだ理由

<table>
<tr><td>①R.Y</td><td>②32歳女性</td><td>③もしできたなら、自分のオリジナル曲を流したい。「ほんの少しのお別れだけだからね、また会えるよ。」という内容の歌詞だけはもうできています。</td></tr>
<tr><td colspan="3">④自分の言葉の方が、一番ぴったりくると思うので、できればオリジナルの曲がいいなぁ〜と思ってます。</td></tr>
<tr><td>①H.K</td><td>②61歳女性</td><td>③映画「ニュー・シネマ・パラダイス」のテーマソング</td></tr>
<tr><td colspan="3">④思い出に残る映画。印象的で好きな曲だから。</td></tr>
<tr><td>①Y.I</td><td>②30歳男性</td><td>③「ムーン・リバー」</td></tr>
<tr><td colspan="3">④曲の歌詞。ひろい世の中のいろいろな世界を限りなく大好きな人と見ていくという私の世界観や価値観に合致するから。</td></tr>
<tr><td>①S.T</td><td>②30代女性</td><td>③安室奈美恵「NEVER END」</td></tr>
<tr><td colspan="3">④死は終わりではないから。私たちの未来はずっと続いていき、今生きている時に積み重ねてきたものがそのまま、この先も、死後も、かたち創られていくからです。</td></tr>
<tr><td>①Y.H</td><td>②64歳女性</td><td>③サラ・ブライトマン「タイム・トゥ・セイ・グッバイ」</td></tr>
<tr><td colspan="3">④一生に多くの方との別れがあった。今度は私自身の別れの時。</td></tr>
<tr><td>①S.K</td><td>②39歳女性</td><td>③映画『天使にラブソングを』で唄われている明るいレゲエ</td></tr>
<tr><td colspan="3">④あの黒人の方が歌うレゲエって、最高ですね! 魂を感じます。教会でのレゲエのあのシーンが忘れられません。</td></tr>
<tr><td>①I.S</td><td>②31歳男性</td><td>③LINDBERG「GLORY DAYS」</td></tr>
<tr><td colspan="3">④親友が白血病で24歳で亡くなったのですが、生前、自分がこの歌を彼に聴かせました。彼には奥さんがいて会話ができていたときまで「口ずさんでいたよ」と言っていました。</td></tr>
<tr><td>①Y.S</td><td>②58歳女性</td><td>③ライチャス・ブラザース「アンチェインド・メロディ」</td></tr>
<tr><td colspan="3">④青春時代の思い出の曲</td></tr>
</table>

①E.M	②27歳女性	③トトロ「風の通り道」
④結婚式でも入場の曲にしたいから。違う曲でも結婚のと同じにしたいです。		
①M.I	②46歳男性	③ジョー・コッカー&ジェニファー・ウォーンズ「愛と青春の旅立ち」のテーマ
④死は終わりでなく、旅立ちであるから。		
①M.U	②29歳女性	③globe「DEPARTURES」
④「出発」っていう意味があって、新しい世界に旅立つ感じがするから。		
①K	②60歳女性	③スコット・ウォーカー「ジョアンナ」
④悲しみのどん底のときに心を癒してくれた曲		
①S.M	②40歳女性	③セリーヌ・ディオン「タイタニックのテーマ」
④水没寸前の船の上で乗客の恐怖が和らぐようにと演奏を止めなかった楽団の方々。脇役かもしれないけど感動しました。私もそうありたいという気持ちを込めて。		
①I.T	②52歳男性	③「スターダスト」
④スタンダードなジャズが好きだから。		
①N.M	②41歳女性	③プッチーニの歌劇トゥーランドット「誰も寝てはならぬ」
④オペラの名曲ですが、とてもドラマチックな曲だから。		
①K.Y	②67歳女性	③ショパン ワルツ第10番 ロ短調
④好きな曲で、自分でも弾くため。		
①T.O	②34歳男性	③TM NETWORK「Nights of The Knife」
④「別れ」と「旅立ち」を歌っているので、これがベストと思いました。		
①M.H	②26歳女性	③中島みゆき「糸」
④人との繋がりを表しているようで、とても好きな曲です。母のお葬式の際に母の好きだった、アリスの「遠くで汽笛を聞きながら」を流した覚えがあります。母の好きな曲を流して送れて良かったと思っています。		

曲を選んだ理由もさまざまですね。暗い曲より、「旅立ち」「先に続く」というイメージが好まれるようです。自分が選んだ曲名と、歌詞、選んだ思いを記したものをお葬式のときに配ると、メッセージが会葬者の方に、はっきり伝わってよいと思います。

また、アンケートでは、男性よりも、女性の方が前向きに考えている人が多いと感じました。「お葬式」をテーマにした講演の際にも、私の冗談に女性の方が大きな声で笑われますから。「笑い」も心の癒しにとてもよいですから、男性も負けずにフィナーレをハッピーにとらえてもらいたいと思います。

＜年別主なヒット曲一覧表＞

1928年	浅草行進曲	1901年	鳩ぽっぽ
1929年	君恋し	1902年	書生節
1930年	祇園小唄	1903年	—
1931年	酒は涙か溜息か	1904年	ラッパ節
1932年	影を慕いて	1905年	戦友
1933年	東京音頭	1906年	夜半の追憶
1934年	赤城の子守唄	1907年	増税節
1935年	二人は若い	1908年	あきらめ節
1936年	東京ラプソディ	1909年	ハイカラ節
1937年	かもめの水兵さん	1910年	春が来た
1938年	人生の並木路	1911年	隅田川
1939年	上海の花売り娘	1912年	村の鍛冶屋
1940年	蘇州夜曲	1913年	早春賦
1941年	たきび	1914年	カチュウシャの唄
1942年	朝だ元気で	1915年	現代節
1943年	貫太郎月夜唄	1916年	君よ知るや南の国
1944年	ラバウル小唄	1917年	安来節
1945年	リンゴの歌	1918年	のんき節
1946年	東京の花売り娘	1919年	平和節
1947年	星の流れに	1920年	しゃぼん玉
1948年	憧れのハワイ航路	1921年	船頭小唄
1949年	青い山脈	1922年	靴が鳴る
1950年	桑港のチャイナタウン	1923年	月の砂漠
1951年	上海帰りのリル	1924年	月は無情
1952年	リンゴ追分	1925年	待ちぼうけ
1953年	雪の降るまちを	1926年	この道
1954年	お富さん	1927年	どん底のうた

1955年	別れの一本杉
1956年	ここに幸あり
1957年	有楽町で逢いましょう
1958年	からたち日記
1959年	黒い花びら
1960年	アカシアの雨がやむ時
1961年	上を向いて歩こう
1962年	いつでも夢を
1963年	高校三年生
1964年	アンコ椿は恋の花
1965年	さよならはダンスの後に
1966年	星影のワルツ
1967年	ブルー・シャトー
1968年	ブルーライトヨコハマ
1969年	黒猫のタンゴ
1970年	戦争を知らない子供たち
1971年	私の城下町
1972年	女のみち
1973年	学生街の喫茶店
1974年	母に捧げるバラード
1975年	シクラメンのかほり
1976年	泳げ！たいやきくん
1977年	渚のシンドバッド
1978年	UFO
1979年	関白宣言
1980年	恋人よ
1981年	ルビーの指環
1982年	待つわ
1983年	さざんかの宿
1984年	もしも明日が…
1985年	恋に落ちて
1986年	DESIRE
1987年	人生いろいろ
1988年	パラダイス銀河
1989年	川の流れのように
1990年	踊るポンポコリン
1991年	SAY YES
1992年	君がいるだけで
1993年	サボテンの花
1994年	innocent world
1995年	LOVE LOVE LOVE
1996年	アジアの純真
1997年	CAN YOU CEREBRATE?
1998年	つつみ込むように
1999年	AUTOMATIC
2000年	TSUNAMI
2001年	PIECES OF A DREAM
2002年	ワダツミの木
2003年	世界に一つだけの花
2004年	瞳をとじて
2005年	青春アミーゴ
2006年	Real Face
2007年	千の風になって

信頼できる葬儀会社・納骨堂

〒227-0044　神奈川県横浜市青葉区もえぎ野1-22｜TEL　045-971-8881
http://www.den-en-sousai.com

サービス内容・特徴等

形式だけの儀礼に偏りがちな葬儀とは違う、家族とごく少数の関係者のみで行う、まるで団らんのように故人を送りだしてさしあげる画期的な発想の葬儀の新しいスタイル。真心をこめた家族だけの葬送「家族葬」を提案。「あおばの会」に入会すれば、「家族葬」を手ごろな価格で、満足のいくサービスが受けられます。例えば従来の形式で行う一般葬の場合に70万円近くかかるものが、同規模の内容で45万円で葬儀一式が行えるのです。しかも本当に参列していただきたい人だけで行うため、気兼ねなく故人を送りだすができます。「あおばの会」への入会は簡単で、積立金の全額返却も可能。毎月の掛け金は積立途中でも、掛け金が満期を迎えた場合でも、解約された場合には全額返却されるシステムなので、安心です。最近では、「追悼 ディナーセレモニー」も開始しています。これまでの、葬儀の常識を変えた、お通夜とも告別式とも違う１日だけのメモリアル・デーと位置づけています。開宴時間は、昼のひととき（11：00～13：00）で、普段着のような寛いだ雰囲気の中、故人の想い出を語り合い、盃を傾け料理を食べながらおこなう新しい感覚の葬儀のセレモニーです。

音楽葬について

代表取締役社長の柳田逸郎さんは、約30年前に広告代理店社員から葬儀業界に入られましたが、25年前に、歌手の三橋美智也さんが好きな方のお葬式で出棺の際に「達者でな」を流し、同時にかわいがっていた３匹のウグイスを野に放すという粋な演出をされたそうです。現在でも、二重奏から四重奏の生演奏を取り入れていますが、「追悼 ディナーセレモニー」では、「音楽」をさらに活用して、本当に別れを惜しむ人たちだけの親睦の会にしたいそうです。ちなみに、柳田社長ご自身のお葬式では、大好きな喜多郎の音楽を流したいとのこと。お母様のお葬式には、さだまさしの「無縁坂」で送りたいと言われました。

事業領域

葬儀の請負、訪問看護サービス

営業地域

神奈川県全域、東京都全域

（代表取締役社長の柳田逸郎さんと奥様の節子さん）

株式会社デンエン葬祭

（追悼　ディナーセレモニー）

企業理念・将来構想等

近年、葬儀は一部では、ますます派手になっていく傾向があります。お別れの会と称して、お葬式をおこない、まるで結婚式のような感じでその場は、名刺交換の場になっています。本来、葬儀は、その人の死を心から悼み、厳かにおこなう儀式です。商業ベースにのり、気がつけば違う方向に進んでしまう気がします。今一度、原点にかえり、葬儀会社も葬家も考える時がきているのではないでしょうか。

〒106-8587　東京都港区南麻布1-6-30｜TEL　03-5444-8711
フリーダイヤル　0120-06-3987｜http://www.hibiya-lsp.com/

サービス内容・特徴等

ウェディングの装花技術を生かした現代的な花装飾デザインにより、ひとりひとりの個性を表現したオーダーメイド花祭壇で、新しい時代の、葬儀のかたちを提案します。

〈例〉
○映画『ローマの休日』が好きだった女性には、ローマの明るい日差しが降り注ぐスペイン広場の石段の上の広場に故人様を安置。広場中央の故人様をお花畑のように囲みました。ロマンチックなイメージにあわせて淡いピンク色でまとめました。
○テーマフラワーを桜とし、故人様と一緒に皆様でお花見をしていただくような会としました。テーマフラワーである桜をモチーフとしたさまざまな種類のキャンドルを式場のあちこちに飾り、キャンドルの炎で温かみのある空間となりました。祭壇にはお孫様などご家族とのお写真や、お好きだった絵本などを一緒に飾りました。
○故人が愛されていた自宅の庭とプールに花で飾りつけ。プールには花のアレンジメントを浮かばせ、ゆらゆらと自然と風に揺れるアレンジメントが完成しました。

音楽葬について

タンゴが好きなお母様には、赤いバラをテーマフラワーとした祭壇で、赤いバラの花びらを水槽の水の上に浮かべる献花方式とし、タンゴの曲をBGMとして流しました。「母は白いバラが好きだったので、それを中心に優しい感じの祭壇を演出してほしい。お葬式は暗い静かなものではなく、孫がサックスを吹いたり、キーボードを演奏したりして、故人を見送りたい。」との要望に対し、祭壇周りにはたくさんの写真を飾り、お孫様からの献奏を実施。故人が大好きだった“ムーンライトセレナーデ”やタンゴ『碧空』などの曲を適所にちりばめて、メリハリのある葬儀となりました。

事業領域

葬儀・葬祭に関する一切の業務

対応地域

東京都、神奈川県、埼玉県、千葉県、大阪府、仙台市（神奈川県・埼玉県・千葉県・大阪府は一部地域を除く）

（ロマンティック祭壇）

株式会社日比谷花壇
（フラワリーフューネラル）

（家族葬向き祭壇）

企業理念・将来構想等

お葬式で大切なものは、あなたが故人を偲ぶ気持ち。お客様が持つ価値観を最優先し、理想のお葬式を実現するお手伝いをします。花卉業界のリーディングカンパニーである日比谷花壇の装花装飾技術・デザイン力を活かし、最高のサービス品質を追求し、日本の葬儀の新しいあり方をお客様と共に模索し、創造します。悲しみだけでは終わらせたくない。たった一度の大切な人のお別れを、美しく、温かい思い出にします。

〒171-0033　東京都豊島区高田3-13-2｜本社　03-5979-4111
フリーダイヤル　0120-02-8888｜葬儀緊急コール　0120-57-2222
http://www.ohnoya.co.jp/

葬儀の生前予約「アンシア」のメリット…葬儀内容について、納得のいくまでに相談し、不明・不安を完全に解消し、送る方、送られる方の想いを葬儀に反映させ、スムーズな進行が行え、ご家族だけのお別れの時間を持つことが出来る。

また、最近では「フューネラルリビング」を展開。2008年３月にオープンした「リコルド田園調布」では、我が家のように過ごせるゆったりとした時間、さまざまな想いに応えられる多彩な空間、そして洗練されたコンシェルジュサービスにより、送る方、送られる方の想いを最も美しく、最もこころに残るかたちで表現することができます。万一のとき、困ったとき、心のよりどころ、精神的な支えとなるようなサービスを始めるため、大野屋テレホンセンターを開設。仏事・法要のことから保険、ご葬儀、墓所のご案内、墓石、お墓のアフターサービスなどについてご相談できます。

また、「もしも会員」は、会員の皆様の葬儀など仏事のご相談にお答えし、ご家族の安心に資するための大野屋の会員組織です。

音楽葬について

「フューネラルリビング」の空間では、「音」も大きな要素の一つであり、光、香り、花などとともにトータルにコーディネートされます。エントランスから、セレモニーホール、リビングルーム、ダイニングルームまで、役割にあわせて「音」が効果的に使われています。

セレモニーホールでは、音、光、香りなどによる空間演出ができます。リビングルームは、故人が好きだった音楽を流すなどで故人の想いを満足させる部屋。ダイニングルームでは、料理とコンシェルジュサービスにふさわしい演奏や映像などの演出も用意されています。

事業領域

葬儀・生前予約・保険・仏壇・仏具の販売・墓所・墓石・霊園

営業拠点

葬儀：東京都、神奈川県、埼玉県、千葉県

（リコルド田園調布）

株式会社メモリアルアートの大野屋

（2008年３月オープンのリコルド田園調布）

企業理念・将来構想等

「こころの豊かさ、こころのやすらぎ」を企業理念に掲げ、デスケアにおけるトータルサービスをおこなっています。見えないからこそ大切にしたい「想いをかたちに」を追求し、安心・利便性・本物感を求め、お客様に様々なサービスを提供していきます。

サービス内容・特徴等

石材店からスタートし、霊園開発、仏壇販売、保険事業、葬祭事業に拡大。山岳散骨サービス「モンブラン葬」や「withペット墓」の開発など、時代のニーズに合った幅広い展開をおこなっています。葬儀の生前予約も積極的に推進し、「アンシア」を用意。

〒103-0025　東京都中央区日本橋茅場町1丁目13番13号七宝ビルディング5F
本社　03-5623-0983｜フリーダイヤル　0120-50-0983
info@morelife.co.jp｜http://www.morelife.co.jp/

れ会。身内の方々やごく親しい方々が、千年の供養を願う心を故人にお送りします。『ずっとずっと一緒にいたい ずっとずっと話をしていたい』と願う千年の想いを実現化する「1000年葬」です。

サービス内容・特徴等

最上級の品質と安心価格が両立し、納得の料金体系を提供。不要な中間マージンは頂きません。過剰な人件費や接待・マージン分を取り払い、消費者の方への直接利益還元型業務スタイルで安心価格を実現。お客様のニーズに迅速にお応えします。従来の仏式祭壇・生花祭壇のほか、専属のアートフラワーデザイナーによるアート祭壇も提供。アートだからこそ出来るアレンジや芸術性の高さに加え、経済性の面からも利用者の方にも大変高い評価。「葬儀費用の透明性」を基本に、いち早く葬儀のサービス内容と費用総額を明確にした「パッケージ商品化」を行いました。ご葬儀をお受けする前には必ず見積書を提示し、見積もりの内容であれば追加料金は一切いただきません。また、見積りから葬儀後のフォローを、一人の担当者が最初から最後までお手伝いします。銀座アスターとも提携し、幅広い年齢層の集まるご法要の席では形式ばらず、くつろいだ雰囲気で故人をしのぶため、ご法要の機会にあわせたお席とお料理をご用意。

音楽葬について

ご希望に応じて、お別れの時間である出棺の際に、音楽を流しています。消費者のニーズによって、結婚式でバンドを入れるような動きがお葬式でも増える可能性があります。

事業領域

葬儀の請負、仏壇・墓石の販売

対応地域

東京都、神奈川県、千葉県、埼玉県

（代表取締役社長の石井克昌さん）

株式会社モアライフ

（花祭壇）

企業理念・将来構想等

黒いお葬式を白いお葬式に。ご葬儀に安心と真心を。どんな時代も、人種の差もなく、男女の差もなく、貧富の差もなく、宗教の差もなく、世代の差もなく、人生の最後の日、その日からはじまる、もうひとつの人生を見守りつづけたい。あなたのために。家族のために。スピリットの幸せをクリーンに、ピュアにねがう。White Ceremony（儀式、礼儀）そう呼ばれるサービス業でありたい。葬儀供養全体にシンプルで、ピュアな考え方、幸せを提案。また、『1000年葬』の商品化を進めています。1000年葬という葬儀サービスは、葬儀社の発想ではなく、その受け手である消費者側に立ったサービスです。社会的意味と経済的価値を考え、葬儀業界を変革（イノベーション）そして、日本の葬式を変える。これが1000年葬開発のテーマ。家族・親族様が集まって、心より千年の供養を願うお別

〒462-0841　名古屋市北区黒川本通3丁目35番地1 ティア黒川5F
本社　052-918-8200｜フリーダイヤル　0120-54-9401
http://www.tear.co.jp/

ティアは、創業10周年にあたり、次の10年も、さらに時代が求めるサービス業であるために、10の「一流」を発表しています。
○価格　○サービス　○葬儀会館　○会員制度　○葬儀形態
○研修制度　○時代背景　○地域貢献　○ブランド力　○人間力

サービス内容・特徴等

喪主・遺族への金銭的負担、人的負担、距離的負担を軽減するため、次の三つを基本方針としています。
●遺族が望む「お値打ちな会員価格」を明確に打ち出し提供。
●遺族が望む「質の高いサービス」を常に追求し提供。
●遺族が望む「近いという利便性」を地域の皆様に提供。

特に、「提供可能な全サービスの料金を事前公開」と、会館の集中的な展開が特徴です。テレビCMでも訴求しているように「生前見積り」に力を入れており、生前見積もりのお客様も着実に増えてきています。また、「ティアの会」（入会金１万円のみ。月々の掛金・年会費一切不要）に入会すると、さまざまな特典が用意されています。尚、写真のオートバイは、「ご主人はバイクが大好きだったそうですね。ぜひ愛車を式場に飾らせてください」と、ティアのスタッフが実際に遺族に提案して、会館に移動し、飾ったものです。お客様の細かなエピソードに耳を傾け。世界にひとつしかないセレモニーを実現することを目指しています。

音楽葬について

お客様のニーズにおこたえし、オリジナリティある葬儀を提供。音楽は趣味によるが、クラシックを流すことが多い。ご希望に応じて、三重奏や四重奏の生演奏も提案しています。

（代表取締役社長の冨安徳久さん）

事業領域

葬儀の請負、霊園・墓地・墓石の販売、遺品処理サービス

対応地域

会館は、愛知県・岐阜県・大阪府・和歌山県に30箇所

代表取締役社長 冨安徳久 著書

・『「ありがとう」すべては感動のために』（綜合ユニコム）
・『日本でいちばん「ありがとう」と言われる葬儀社』（綜合ユニコム）

株式会社ティア

愛車を式場に運ばせてください。

「ご主人はバイクが大好きだったそうですね。ぜひ愛車を式場に飾らせてください。」

これは、ティアのスタッフが実際におこなった、ご遺族へのご提案です。

深い悲しみにつつまれたご遺族にわたしたちができることは、本当に小さなことばかりです。

あたたかい思い出をひとつでも多くつくってあげたい・・・。

お客様の細かなエピソードに耳を傾け、世界にひとつしかないセレモニーを実現します。

最期のひとときを感動でいっぱいに。

葬儀会館TEAR
ティア

（セレモニーのエピソード）

基本方針等

ティアと言う企業を通じて、多くの人達の未来を創造していきたい。ティアの葬儀ビジネスを通じて「未来永劫」社会貢献できる「企業TEAR」を、現在のスタッフ、そして、未来のスタッフ達と共に創り続けたい。

冨安徳久社長は、次のように語ります。

「きちんと『ゴール（死）』がそこにある事を受け止める事が『生』を充実させる事。うまくいかない事、大変な事、辛い事、悲しい事なども踏まえて全部『人生』です。いろんな事が起こるから『人生は面白い!』と思っています。『人生、未完で終わるがよし!』を人生訓とし、常に学ぶ事を忘れずに生きていきたい。目指すは日本で一番『ありがとう』と言われる葬儀社!」

名古屋市天白区植田東1-109（名古屋）｜東京都豊島区東池袋4-23-17（東 京）
名古屋　052-800-4222｜東京　03-5953-1766｜フリーダイヤル　0120-199-422
info@teitosousai.com｜オフィシャル　http://www.teitosousai.com
セレモニーホール　http://www.gyounkaku.com

サービス内容・特徴等

心にのこるセレモニーのために、万全の準備でお迎えする暁雲閣ホール。当日の大切なその時間に向けて、きめ細かく準備を進め、お施主様をお迎えするプライベートセレモニー。暁雲閣ホールの提携ホテルよりお選びいただきご準備をする本格的な料理、感動のセレモニーを彩る演出、ゆきとどいたサービスすべてを暁雲閣ホールのスタイルでご用意いたします。会場内の最大収容客人数は80名までとさせていただいており、暁雲閣ホールは徹底して高級感漂うプライベートセレモニーにこだわり、大切な方の最後の時を万全の雰囲気と空間、最上のサービスでお施主様にお過ごしいただけるよう最大限の配慮をさせていただいております。また、暁雲閣ホールの式典プロデューサー横田明彦は、TBS放送をはじめテレビ朝日、NHK、日活映画などの葬儀シーンを数多くデザイン設計・設営監修いたしており、最近ではTBS開局55周年特別企画 木村拓哉主演「華麗なる一族」のすべての葬祭シーンをお任せいただきました。伝統を大切にしながらも斬新なアイデアを盛り込み、心に残るプライベートセレモニーをご提供いたします。また、ホテル葬・社葬・家族葬・法要・相続相談まで、さまざまなプランに対応。なお、葬儀会社の格付機関「JECIA」で最高評価である5つ星を取得しております。

音楽葬について

近年の葬儀傾向は、葬儀祭壇の大きさや規模ではなく、心のこもったオリジナルで暖かみのあるご葬儀を望まれる方が増えてきております。もちろん葬儀のご予算も大切ですが、確実に今後のお施主様の望まれる葬儀形式は目に見える葬儀の良い悪いではなく、音楽を取り入れた癒しの空間演出が大切なポイントになってくるだろうと思います。心のこもったご葬儀とは故人を偲び思い出を親しい方々と語り、追悼するのが本当の「葬儀」です。音楽は故人の思い出を思い出させてくれる大切なものだと確信いたしております。

（オリジナルキャンドルコレクション）

事業領域

○各宗葬祭の請負及び葬祭具、ご供花、ご供物、その他の葬祭用品の販売並びに貸付。
○「国際霊柩送還事業」＝外国及び日本国内にて死亡された邦人のご遺体・ご遺骨の国際霊柩送還に関する空港霊柩業務のの一切。

対応地域

愛知県、岐阜県、三重県、東京都
※上記以外の地域につきましては、帝都葬祭の業務提携葬儀会社が対応いたします。

帝都葬祭株式会社

（暁雲閣ホール）

企業理念・将来構想等

○従来「葬儀」とは古式ゆかりにのっとり進行させていくものでしたが、ここ近年では経済社会においても思考スピードの上昇から、「情報化時代」へと変化してきております。今の社会全体の考え方が変化してきている以上、皆様のセレモニーに対する考え方、ご要望が変わるのも当然のことです。帝都ではそんな皆様の新しいご要望に即座に対応するために、自らのナーバス・システム（神経系統）を改良し、古式ゆかりの考えだけに流されず、新時代の感覚を取り入れてこの２つをうまく統合したセレモニーを、皆様にご提供させて いただきますことを帝都はお約束いたします。
○帝都葬祭理念＝帝都葬祭はご家族のお気持ちを理解できる企業、すなわち「共に悲しみ、励ますことができる会社」としての心の葬儀を理念にしています。

〒132-0002　東京都江戸川区谷河内1-6-12｜TEL　03-3679-4924
http://www15.plala.or.jp/myosenji/

納骨堂の特徴等

妙泉寺久遠廟は、宗旨宗派不問の永代供養墓です。鈴木英成住職が毎日お経をあげられ、「花を一年中、綺麗にしている」そうです。鈴木住職の明るい気さくなお人柄も大きな魅力です。鈴木住職は、「『お墓の継承者がいない』『先祖のお墓が田舎にあるので墓参りできない』『生きているうちに自分の墓の心配を解消しておきたい』『子供などにお墓で負担や面倒をかけたくない』『お墓にあまりお金をかけたくない』等、お墓にお悩みの方は、ぜひ、ご相談下さい」と言われます。お勤めの人にも配慮し、年中無休、午前８時半から日没まで、いつでもお参りできます。「契約後に年会費、入檀料、寄付金等はかかりません。生前のご契約や管理が出来なくなった故郷のお墓の改葬（移転）もお受け致します。ご相談ください。」とのことです。
久遠廟は、永代供養墓(納骨堂)の中では、都内の相場料金からすると破格の安さです。
永代供養料：８万円（お一人：合祀)、25万円（お一人：合同壇)、38万円（お一人：個別壇）
合同壇、個別壇ご契約の場合、ご遺骨は骨壷で25年間安置し、以降合祀されます。費用には供養料、管理料、納骨料、個別墓銘プレート刻字（ステンレス製)、過去帳記載が含まれます。合祀以後も永代の供養を続け、御霊（みたま）は当山に永遠に眠ります。

音楽について

鈴木英成住職は、幼少の頃から14年間ピアノを勉強され、雅楽の楽器である笙（しょう）も演奏されます。築地本願寺でおこなわれた女優の山岡久乃さんの葬儀の際にも、雅楽の演奏をされたそうです。一年に一度、檀家に集まってもらって催しをしているので、その際に、この本の付録である小室哲哉さんの曲「HAPPY ENDING」を流して、みなさんに聴いてもらいたいと言われました。

事業領域

NPO法人永代供養推進協会認定「優良永代供養墓」

（妙泉寺）

妙泉寺　久遠廟《くおんびょう》

（春彼岸、久遠廟の前で、笙を持たれた鈴木英成住職）

妙泉寺とは

妙泉寺は今からおよそ360年前、寛永11（1634）年に現在の地に開かれた日蓮宗の寺院です。勘定奉行、松浦河内守信正の奉納した写経塔、信正の肖像画が当山に現存。久遠廟の後方に安宅丸（あたけまる）稲荷堂があります。安宅丸は徳川家光が建造した巨大御座船（建造費十万両）ですが、その船玉（船の守護神）が当山に遷されました。商売繁盛の「いなりさま」として庶民の信仰を集め、当時は日本橋の商人や中村座の歌舞伎役者、野田の醤油屋（現在のキッコーマン社）からも参詣がありました。

〒162-0053　東京都新宿区原町2-20 琉璃殿事務局（幸國寺内）
琉璃殿の総販売元：株式会社アークローバー｜フリーダイヤル　0120-128-968
info@arklover.jp｜http://www.ruriden.jp/

特にお勧めのポイントは以下の通りです。
○ 光明あふれる、世界に類を見ない荘厳な天空の空間
ガラス工芸の第一人者「由水常雄」氏監修によるご本尊と琉璃基。そしてその琉璃基が並ぶ光壁。光あふれる芸術的空間を実現した、個人用納骨殿です。古代のガラス技法で制作された、まったく新しい芸術的空間です。生前での心のあり場所として、個性豊かに自分らしく生きたいという方のための永代供養納骨堂と言えます。
○宗旨・宗派は不問
宗教・宗旨・宗派、国籍は不問。寛永七年（1630）開山の幸國寺が責任を持って「琉璃殿」の運営管理。希望すれば、葬儀や法事の執行も行う事ができます。
○便利な立地
都営大江戸線で新宿西口駅から６分、最寄りの牛込柳町駅からは徒歩２分、東西線早稲田駅から徒歩10分という便利さ。
○生前予約がお勧め
生前よりご自分の終着駅を決めておくことで、没後をご心配することなく、安心して元気に生きていただくために“生前予約システム”をお勧めします（既にお骨の方も納骨可）。
○料金システム
生前予約の内容には、専用の墓碑・琉璃基と一対となった専用収蔵庫の使用権に加え、希望者には「法名（戒名）」の授与が含まれます。使用の期間は、没後33回忌まで、それ以降は、運営管理を行う幸國寺により永代供養。
【琉璃殿志納金】琉璃殿「納骨収蔵庫＋琉璃基」ご購入費用一式
お一人用　75万円 、お二人用　95万円

（瑠璃基）

琉璃殿《るりでん》(日蓮宗正定山幸國寺)

(瑠璃殿内観)

魅力・特徴等

東京新宿区の牛込という都心の真ん中にある、とてもお洒落な永代供養納骨堂が、「琉璃殿」です。生前予約を基本とし、死後に遺骨を管理・供養してもらえます(既にお骨の方も納骨可)。お守り型カードキーをかざすと、自分のガラスの仏像が光ります。2000体の仏像の背後には、骨壷(お骨がすべて入るサイズ)を納めるロッカー式収蔵庫が設置されています。そして、フルカラーLEDを駆使して、光のイルミネーションの演出を楽しむことも出来ます。数々の色に美しく変化しながら心地よい音楽が流れ、まさに劇場型の納骨堂と言えます。光のイルミネーションと言えば、神戸のルミナリエや六本木ミッドタウンなどが有名ですが、納骨堂で光のイルミネーションを楽しめるとは思いませんでした。死後も「お洒落な納骨堂で眠りたい!」方には、お勧めです。

あとがきにかえて

最後まで読んでいただきまして、ありがとうございます。

私は、本編でもふれたとおり、２００７年の春に急性肝炎で大学病院の救命救急センターに入院し、劇症化する寸前までいき死線をさまよいました。

20～30代の若い方でも、突然の事故や病気のため、急に命を落とすこともあります。人間の死亡率は１００％。いつか死ぬのであれば、元気なうちに自分のハッピーエンディングについて考え、準備することはとても大切なことです。

この本を読まれて、ハッピーエンディングのために音楽をもちいる意味、音楽葬の具体的な方法もご理解いただけたでしょう。ぜひ、あなただけのオリジナル音楽葬を企画してください。

お葬式は人生最期で最大の「晴れ舞台」。思い出の音楽・好きな曲で、自分らしいハッピーエンディングを演出しましょう！

この本の主旨に共感され、素晴らしいレクイエムである「ＨＡＰＰＹ　ＥＮＤＩＮＧ」を作っていただいた小室哲哉さん、お父様のお葬式の話を詳しく聴かせていただいた小室夫人ＫＣＯさんをはじめ、音楽制作に協力いただいたイーミュージックの皆さんに心より感謝いたします。

また本書の出版にあたり、音楽葬についてのアンケートに答えていただいた皆さん、編集に携わっていただいた皆さんにも厚く御礼申し上げます。

最後に、読者の皆さんにとって、この本がハッピーエンディングを迎える上で、そして幸せに生きる上でのヒントになれば幸いです。

2008年5月　若尾裕之

若尾裕之 HIROYUKI WAKAO

1961年生まれ。

立教大学経済学部経営学科卒業。

ノンフィクション作家、マーケティングコンサルタント、講師、ハッピーエンディングプロデューサー、音楽葬プロデューサー。

大学卒業後、日産自動車等で活躍。日産宣伝部時代には、「イチロ・ニッサンキャンペーン」（イチロー選手をはじめてテレビCMに起用）等、多数のヒットCMを担当。

マネジメント・営業系セミナーの講師としての評価も高い。

現在は、楽しい老後・幸せな最期の迎え方を提案するハッピーエンディングプロデューサー、音楽葬プロデューサーの第一人者として活躍。

講演やマスコミ出演も多数。

著書：「ハッピーなお葬式がしたい！」
（マガジンハウス）他

HP：http://www.musicso.jp

モバイルサイト
http://musicso.mobi

MUSICSO.JP

付録CD「HAPPY ENDING」
Composed and Produced by TETSUYA KOMURO

小室哲哉
1958年生まれ。音楽家。トータルサウンドプロデューサー、作詞家、作曲家、編曲家。
TM NETWORK、globeなどのグループで活躍する一方、trf、篠原涼子、安室奈美恵、華原朋美、H Jungle With t、鈴木あみなどのプロデュースをおこない次々にミリオンヒット。プロデュースしたシングル・アルバムの総売上は約1億7000万枚に達する。中国、台湾など世界中で幅広い人気を獲得。
尚美学園大学特任教授。

『ミュージック葬でハッピーにいこう！』　初版発行　2008年5月30日

著　者　若尾裕之
発行者　瀬戸弥生
発行元　JPS出版局
e-mail：jps@aqua.ocn.ne.jp　FAX：046-376-7195
印刷・製本　東京書籍印刷株式会社
発売元　太陽出版
東京都文京区本郷4-1-14　〒113-0033
TEL：03-3814-0471　FAX：03-3814-2366

　ISBN 978-4-88469-575-0 C0073

プロデュース　田中規之（株式会社ティーブレイン）
装　丁　佐藤香織
撮　影　近藤城次
編　集　笠松 綾／芝野稚子（株式会社イグザット）